Fritz Laubach · Herr, heile mich!

Fritz Laubach

Herr, heile mich!

Krankheit und Heilung in biblischer Sicht

Mit einem Vorwort von Prälat Rolf Scheffbuch

R. Brockhaus Taschenbuch Bd. 466

Völlig neu bearbeitete und ergänzte 2. Auflage des 1976
unter dem Titel »Krankheit und Heilung in biblischer Sicht«
erschienenen Buches

© 1991 dieser Neubearbeitung:
R. Brockhaus Verlag Wuppertal und Zürich
Umschlaggestaltung: Carsten Buschke, Solingen
Umschlagfoto: Stockmarket ZEFA, Düsseldorf
Gesamtherstellung: Breklumer Druckerei Manfred Siegel KG
ISBN 3-417-20466-6

*Für meinen Sohn,
den Arzt Reinhold Laubach.*

INHALT

Vorwort von Prälat Rolf Scheffbuch 9

1. Die Frage nach der Glaubensheilung – in Geschichte und Gegenwart 11
Eine uralte Frage wurde verdrängt (11) – Außenseiter und Randgruppen melden sich (12) – Was ist Gesundheit? (13) – Geistliche Gemeindeerneuerung und Charismatische Bewegung (15) – Drei biblische Begründungen (17)

2. Krankheit und Heilung im Alten Testament 20
Die Wurzel aller Krankheit (21) – Heilwerden im Alten Testament (22) – Der Arzt (24)

3. Heilungsberichte in den Evangelien 27
Jesus heilt durch sein Wort (27) – Jesus heilt, indem er Kranke anrührt (28) – Jesus heilt durch Handauflegung (28) – Kranke rühren Jesus an und werden geheilt (28) – Jesus heilt aufgrund von Bitte und Glaube (29) – Jesus heilt Kranke, die es nicht von ihm erwarten (29) – Jesus verbindet Sündenvergebung und Heilung (30)

4. Heilungen: Zeichen des Messias – Sendung der Jünger 31
Blinde werden sehen und Lahme gehen (31) – Er gab ihnen Vollmacht (32) – Vollmacht – Reden Gottes (32)

5. Krankheit und Heilung in den ersten christlichen Gemeinden 35
Heilendes Handeln ist Verkündigung (35) – Paulus tröstet, heilt und empfiehlt gesunde Lebensweise (36) – Der Pfahl im eigenen Fleisch (36) – Die Gnadengabe der Heilung im Neuen Testament (37) – Gott gibt die Gabe Gliedern der Gemeinde (37) – Wenn der Kranke die Ältesten ruft (37) – Der Kranke soll beten . . . (38) –

... und guten Mutes sein (39) – Die Ältesten sollen beten und mit Öl salben (40) – Das Gebet des Glaubens wird retten (43) – ... und der Herr wird den Kranken aufrichten (44) – Die Beichte (45)

6. Der Sinn von Krankheit und Leiden 47
Krankheit als Folge von Sünde (47) – Krankheit als Läuterung des Glaubens (47) – Bewährung im Leiden (48) – Gottes Verherrlichung (49) – Abhängigkeit von Gottes Gnade (49) – Ein Anruf Gottes (50)

7. Heilung und Heil des Menschen 53
Die Vorwegnahme paradiesischer Vollkommenheit (53) – Die Gefahr magischen Denkens (54) – Die Ideale der Leistungsgesellschaft (54) – Elias Schrenk über die Glaubensheilung (55) – Hiskia ertrotzt sich die Heilung (57) – Geben und Verweigern sind Gottes Liebestaten (58)

8. Vom Umgang mit der Krankheit 61
Krankheit als Lehrzeit (61) – Zeit des Gebets (62) – Zeit ärztlichen Handelns (63) – Zeit, Lebensperspektiven zu überdenken (64) – Zeit, Sterbegedanken zu denken (65)

9. Erfahrungsberichte 66
Erfahrungen in der Krankheit – genesen! (66) – Wenn der Arzt krank ist und geheilt wird (68) – Mit 51 Frührentnerin (70) – Seit 11 Jahren im Rollstuhl (73) – Krebs – ich wollte es kaum glauben (75)

10. Wort des Hauptvorstandes der Deutschen Evangelischen Allianz zur Frage von Krankheit und Heilung aus biblischer Sicht vom 29. 11. 1988 77

Anmerkungen 81
Bibelstellenverzeichnis 88
Literaturhinweise 91

VORWORT

Es waren Feinde Jesu, die den leidenden Jesus provozierten: Wenn du es wirklich echt mit Gott zu tun hast, dann steig doch vom Kreuz!

Aber es war der Plan Gottes, daß Jesus als Anfänger unseres Heils durch Leiden vollendet werden sollte. Paulus, der Apostel Jesu Christi, war davon überzeugt: Wenn Jesus wiederkommen wird, dann wird auch unser nichtiger Leib so verwandelt werden, daß er gleich werden wird seinem verklärten Leib voll Gottesherrlichkeit, voll Gottesgegenwart, voll unzerstörbarem Leben. Aber bis dahin kann Christus durch Leben und durch Tod, durch Genesung und durch Krankheit an unserem Leib verherrlicht werden.

Jesus läßt es sich nicht durch Spötter vorschreiben, wie sich sein Heil bewähren muß. Jesus läßt es sich nicht durch Zweifler verbieten, daß sein Heil sich auch auf naturwissenschaftlich unerklärliche Weise durchsetzt. Jesus läßt sich nicht durch Unnüchterne vorschreiben, daß Heil nur dort sein kann, wo es auch Heilung gibt.

Jesus will sich verherrlichen am Körper derer, die ihm gehören. Aber er kann das tun, entweder durch Heilung der Krankheit oder durch andere der »viel tausend Weisen«, die ihm zu Gebote stehen, »zu retten aus dem Tod«. Also auch etwa dadurch, daß seine Kraft gerade in der Schwachheit mächtig wird.

Dr. Fritz Laubach, Vorsitzender des Hauptvorstandes der Deutschen Evangelischen Allianz, ist uns ein hilfreicher biblischer Lehrer. Zugleich ist er ein erfahrener Seelsorger. das ist auf jeder Seite dieses Buches zu spüren. Darum bin ich ihm dankbar, daß er auf unsere Bitte hin bereit war, seine biblisch-seelsorgerlichen Hilfen zu veröffentlichen. Ich begleite das Erscheinen des Buchs mit dem Gebet: »In die Wirrnis dieser Zeit fahre, Strahl der Ewigkeit!«

Ulm, im Frühjahr 1991　　　　　　　Rolf Scheffbuch, Prälat

1. Die Frage nach der Glaubensheilung – in Geschichte und Gegenwart

Die Frage nach Krankheit und Heilung ist eine uralte Frage. Sie begegnet uns schon vor der Zeit Jesu und der Apostel.

Im Alten Testament werden einzelne Wunder überliefert, bei denen Menschen durch Gebet von unheilbaren Krankheiten befreit wurden. Auch außerhalb des Einflußbereiches der biblischen Offenbarung werden in heidnischen Religionen schon in vorchristlicher Zeit unerklärbare Heilungen von Krankheiten berichtet. So wurden an den griechischen Heiligtümern des Asklepios Votivtafeln gefunden, die aus Dankbarkeit für erfahrene Heilung aufgestellt wurden. Ähnliche Beobachtungen haben Missionare in der Begegnung mit animistischen Zauberpriestern gemacht, die die Eingeborenen von ihren Krankheiten zu heilen versuchten. Wunderbare Heilungen gab es also zu allen Zeiten auch außerhalb des Volkes Israel und der Gemeinde Jesu. Nur daß im Licht des Wortes Gottes deutlich wird, daß die Heilungen in heidnischen Religionen durch dämonische Kräfte hervorgerufen werden. Nicht alles Überirdische ist göttlich. Daß auch der Satan Wunder tun kann, zeigen die Zauberer des Pharao (2. Mose 7,11f.22; 8,3). Die Evangelien erzählen auffallend oft von wunderbaren Heilungen, durch die Jesus Christus viele Kranke körperlich und seelisch gesund gemacht hat. Schließlich hat es seit der Zeit der Apostel in der Geschichte der Gemeinde Jesu immer wieder Heilungen durch Gebet gegeben, und die Glaubenden haben darin ein Zeichen für das unsichtbare Handeln Gottes an den Kranken gesehen.

Ohne Zweifel ist die Tatsache möglicher Glaubensheilungen in den letzten beiden Jahrhunderten aus dem Bewußtsein vieler Christen verdrängt worden. Die philosophische Aufklärung des 18. Jahrhunderts und die sogenannte »liberale Theologie« haben dazu wesentlich beigetragen, besonders die kritisch-historische Erforschung der biblischen Texte mit ihrem Anspruch auf gesicherte wissenschaftliche Ergebnisse. Sie hat die in der Bibel berichteten Wunder für historisch nicht nachweisbar erklärt, im Grunde als nicht geschehen, und damit den geistlichen Erwartungshorizont vieler Christen eingeengt. Gebet und Glaubensheilungen waren kein Thema mehr in der christlichen Verkündigung.

Was aber von vielen Christen lange Zeit vernachlässigt wurde, hat bei kleineren Gruppen zu Überspitzungen und Verzerrungen der biblischen Botschaft geführt. Die Stimmen der Außenseiter und Randgruppen waren nie verstummt. So haben die Anhänger der Christlichen Wissenschaft immer behauptet: »Sie können von Krankheit und Sünde auf dieselbe Art geheilt werden wie diejenigen, die vor Jahrhunderten von Jesus geheilt wurden.«[1]

In den Jahren nach dem zweiten Weltkrieg riefen Hermann Zeiß, Osborn und William Branham zu großen Heilungsversammlungen auf. In den folgenden Jahren führte der koreanische Pfingstprediger Dr. Yonggi Cho in Europa Heilungsversammlungen durch, die in der Bundesrepublik von dem Motto bestimmt waren: »Durch Jesus geheilt – Wir glauben an Wunder und erleben sie.«[2]

Auch in den Veröffentlichungen von Pfingstgemeinden ist immer wieder betont auf Glaubensheilungen hingewiesen worden. Bezeichnend sind die »7 Punkte für göttliche Glaubensheilung«[3]:

1. Jesus *kann* uns heilen.
2. Jesus *will* uns heilen.
3. Jesus *hat* unsere Krankheit und Sünde schon durch sein Blut am Kreuz gesühnt und getragen.
4. Es ist unbedingt notwendig zu glauben.
5. Es ist notwendig, seine Heilung zu bekennen, bevor diese überhaupt sichtbar ist.
6. Wir müssen unsere Sünde, Ungehorsam, Unglaube

und Unzerbrochenheit usw. vorher lassen, um geheilt zu werden.
7. Wenn man wieder sündigt, kann man seine Heilung verlieren.

Es wäre falsch anzunehmen, Erfahrungen wunderbarer Heilung seien nur Randgruppen der christlichen Gemeinde oder Sektierern vorbehalten geblieben. Auch im Raum der evangelischen Landeskirchen hat es einzelne Glaubende gegeben, die die ihnen von Gott anvertrauten »Gaben der Heilungen« (1. Kor. 12,9.30) in aller Stille und in der Verantwortung vor ihrem Herrn eingesetzt haben. Zu ihnen zählt Lorenz Keip (1858-1936), der Verbindung mit Johannes Seitz in Teichwolframsdorf hatte und in Berlin wirkte und von seinen geistlichen Erfahrungen berichtet: »Einem etwa zehnjährigen Schüler war ohne erkennbare Ursache das eine Bein beim Wachstum so zurückgeblieben, daß er hinken mußte und schließlich nicht mehr gehen konnte. Die mir befreundeten Eltern riefen mich in dieser Not. Der Herr Jesus erhörte unser einmaliges Gebet; das Bein wuchs schnell nach, und der Junge entwickelte sich sehr gut.« Von einer anderen Patientin, in deren Haus regelmäßig für Kranke gebetet wurde, schreibt er: »Sie selbst hat der Herr nicht geheilt. Sie ist krank, aber auch befähigt geblieben, mehr zu leisten als mancher Gesunde.« – »Der Herr Jesus hat nicht alle Kranken, die zu mir kamen, geheilt, aber doch die meisten.«[4]

Obgleich es solche Stimmen immer gegeben hat, haben in unserem Jahrhundert die meisten christlichen Kreise die Möglichkeit der Krankenheilung weitgehend aus den Augen verloren. Sicher haben dazu auch die unbestreitbaren Erfolge der Arzneimittelforschung, der medizinischen Technik und ärztlichen Kunst beigetragen. Heute sind Krankheiten medizinisch heilbar, für die es noch in der ersten Hälfte unseres Jahrhunderts keine Hilfe gab. Organtransplantationen, Erfolge in der Therapie von Tumorerkrankungen und neue Erkenntnisse in der Humangenetik haben bei Kranken zu höchsten Erwartungen und Ansprüchen geführt. Auch das Auftreten der neuartigen Immunschwäche AIDS hat an der grundsätzlich optimistischen Einschätzung in der Bevölkerung im Blick auf medizinische Heilungserfolge nichts geändert.

Diese Haltung fand eine Art innerer Bestätigung durch die weit verbreitete Erklärung der Weltgesundheits-Organisation, die den Begriff der Gesundheit als »einen Zustand von vollständigem körperlichen, geistigen und sozialen Wohlbefinden und nicht nur das Fehlen von Krankheit und Gebrechen« definiert[5] und zu einer Forderung erhoben hat, auf die alle Menschen Anspruch haben. Mit dieser Erklärung hat die Weltgesundheits-Organisation den Menschen ein utopisches, nicht erreichbares Ziel als höchstes erstrebenswertes Gut vor Augen gestellt.

Dadurch wurde eine säkulare Erwartungshaltung bestärkt, die unterschwellig auch auf das Denken vieler Christen eingewirkt hat und zu der Zielvorstellung führte: »Hauptsache gesund – Gesundheit um jeden Preis«. Nicht zufällig ist der junge, gut aussehende und von Gesundheit strotzende Mensch zum Idealbild der Werbung auf Plakaten und im Fernsehen geworden. Eine Flut von Veröffentlichungen für den medizinisch nicht geschulten Leser zum Thema »Gesund werden und gesund bleiben« hat in den letzten zehn Jahren den Büchermarkt überschwemmt. Das Thema »Krankheit und Heilung« ist wieder in das Blickfeld öffentlichen Interesses gerückt. Diese allgemeine Entwicklung hat sicher mit dazu beigetragen, daß auch unter Christen die Frage nach Krankheit und Heilung, und hier besonders die Heilung der Kranken durch Gebet und Glauben, erneut besondere Beachtung fand. In der sogenannten »Charismatischen Bewegung« wird diese Frage in dem größeren Zusammenhang der Gnadengaben des Heiligen Geistes gesehen.

Seit etwa 25 Jahren sammeln sich Gläubige aus den evangelischen Landeskirchen ebenso wie aus der katholischen

Kirche, vereinzelt auch aus evangelischen Freikirchen, in der »Charismatischen Bewegung« und laden zu Informationsvorträgen, Konferenzen und Freizeiten in evangelischen Begegnungsstätten und renommierten Hotels ein. Auf ihren Zusammenkünften treten die Lehrfragen in den Hintergrund, in denen sich die Kirchen voneinander unterscheiden, aus denen die Teilnehmer kommen. Verbunden wissen sie sich durch die gemeinsamen Glaubenserfahrungen: Sie bezeugen, in besonderer Weise die Kraft des Heiligen Geistes empfangen zu haben, sprechen von der »Taufe im Heiligen Geist« als einer Erfahrung, die über die biblische Bekehrung und Wiedergeburt hinausführt, und betonen als Kennzeichen geisterfüllten Lebens die Gabe des Gebetes in fremden Sprachen (Zungenrede)[6] und die Gabe der Krankenheilung.

Diese Bewegung läßt sich gegenüber den bestehenden Kirchen, Freikirchen und Gemeinschaften nicht scharf abgrenzen, sie läßt sich nicht genau definieren. In ihr gibt es eine Vielfalt von Ausprägungen der Frömmigkeit, aber auch der konkreten Zielsetzungen. Während es der katholischen charismatischen Gemeindeerneuerung darum geht, daß Menschen »ihr Tauf- und Firmversprechen erneuern und sich so Gott neu anvertrauen«, wird die Charismatische Bewegung in der evangelischen Kirche als »Geistliche Gemeinde-Erneuerung« verstanden. Sie möchte die Gemeindeglieder zu einer neuen tiefen Gottesbeziehung, zur geistlichen Erneuerung des Glaubens führen. Zungenrede und Krankenheilung werden positiv hervorgehoben, stehen aber nicht im Mittelpunkt der Veranstaltungen. Anders bei den »Geschäftsleuten des vollen Evangeliums« (Full Gospel Business Men's Fellowship International), bei denen Geistestaufe, Zungenreden und Krankenheilung untrennbar zusammengehören. Wie bei zahlreichen Pfingstgemeinden finden wir in den Veröffentlichungen der »Geschäftsleute des vollen Evangeliums« Berichte, daß in fast allen Versammlungen Menschen geheilt werden. Daß Gott die Bitte um körperliche Heilung auch einmal versagen kann, scheint undenkbar. Ein typischer Bericht dafür:

»Nach einer kurzen Unterweisung und Vorbereitung anhand der Schrift kamen die Menschen nach vorn, um zu beten. Alle wurden geheilt. Wunder über Wunder vollzog sich; Schmerzen und Beschwerden, Beine und Rücken, innere und äußere Gebrechen, Gott heilte sie alle einfach und schnell.«[7]

In den ersten Jahren der Charismatischen Bewegung haben führende Vertreter immer wieder betont: Jeder Kranke kann grundsätzlich gesund werden, wenn er Christ wird. Wer glaubt, braucht nicht krank zu sein; wer krank ist, glaubt nicht. Dabei wurde deutlich gesagt, daß die Heilung eine Sache des Glaubens sei, ohne Rücksicht auf noch vorhandene Symptome einer Krankheit.[8]

Besonderes Aufsehen haben in den Jahren 1987 und 1988 die Mitarbeiterkongresse für »Evangelisation in der Kraft des Heiligen Geistes« erregt, zu der die »Geistliche Gemeinde-Erneuerung in der Evangelischen Kirche« den amerikanischen Heilungsprediger John Wimber eingeladen hatte. Er vertritt die Ansicht, daß wunderbare Heilungen unerläßliche Zeichen für vollmächtige Evangelisation seien. Abgesehen davon, daß die in diesen Versammlungen praktizierten Heilungen keine medizinische Beweiskraft haben[9], fällt das Spektakuläre im Vollzug der Heilung besonders auf. Bei John Wimber und seinen Mitarbeitern geschah es regelmäßig, daß nach Gebet und Handauflegung die Geheilten ohnmächtig rückwärts zu Boden fielen, wobei sie durch dafür bereitstehende Mitarbeiter aufgefangen wurden.

Offenbar handelt es sich bei dieser Art der Heilungspraxis nicht um die Eigentümlichkeit eines einzelnen Verkündigers, sondern um das Kennzeichen einer weltweiten Bewegung, weil die gleichen Inhalte der Verkündigung und Erscheinungsformen der Heilungen auch auf dem Missionsfeld beobachtet wurden. So berichtet ein Missionar von einer Heilungsversammlung auf den Philippinen[10]:

»Ein Bibelvers, einige Worte dazu, viel Halleluja, ein weiterer Vers, ein paar Worte, eine kleine Geschichte, ein dritter Vers, Halleluja usw.
Mehrmals wiederholt er Markus 16,17.
›Es gibt viele Ungläubige heutzutage‹ sagt er, ›sie glauben nicht daran, daß Jesus gestern, heute und in Ewigkeit derselbe ist. Selbst Prediger und Pastoren gibt es, die diesen Unglauben verbreiten. Seht euch vor! Sie predigen immer nur die Bibel, nichts als die Bibel, aber von Wundern haben sie nichts zu berichten. Glaubt ihnen nicht! Sie wollen euch nur den wirklichen Segen vorenthalten.‹
Nach dem Gebet ruft er seine Begleiter, die er nun als ›Seelsorger‹ bezeichnet, zum Pult ...
Alle, die an irgendeiner Krankheit leiden, sollen nach vorn kommen und sich heilen lassen.
Eine junge Frau kommt zum Pult. Sie geht zögernd nach vorne, wird aber von dem Heiler und seinen Begleitern ermutigt. Als sie dem Heiler genau gegenüber steht, fordert dieser sie auf, ihre Hände an die Stelle des Körpers zu legen, an der sie sich krank fühlt. Sie legt sie auf ihren Bauch.
Der Heiler faßt ihren Kopf, betet in bekannter Weise, überredet, man möchte fast sagen: befiehlt Gott, die Frau zu heilen. Dabei schüttelt er den Kopf der Frau, deren Schläfen er fest umschlossen hält, stößt einige plappernde, lallende Laute aus ... und die junge Frau fällt ohnmächtig nach hinten und sinkt in die Arme der ›Seelsorger‹, die sich hinter ihr so aufgestellt haben, als hätten sie genau diese Reaktion erwartet.«
Wo immer die unbedingte Forderung nach Heilung durch Gebet und Glauben erhoben wird, werden drei biblische Begründungen angeführt:
1. In der messianischen Weissagung von Jesaja 53,4, die sich in Jesus Christus erfüllt hat, heißt es: »Er trug unsere

Krankheit und lud auf sich unsere Schmerzen.« Aus diesem Satz wird die Schlußfolgerung gezogen: *Jesus hat am Kreuz nicht nur unsere Sünde getragen, sondern auch unsere Krankheit auf sich genommen.* Er hat uns dadurch von der Krankheit ebenso erlöst wie von der Sünde. So wenig wir unsere Sünde noch selber zu tragen brauchen, ebensowenig unsere Krankheit.

2. In den Evangelien werden viele Heilungswunder berichtet. Gewiß – nicht alle Kranken, die zur Zeit Jesu lebten, wurden gesund. Aber doch wurde jeder, der mit seiner Krankheit oder einem Leiden zu Jesus kam, von ihm geheilt. Alle Heilungsberichte der Evangelien und der Apostelgeschichte werden nun im Sinne des Wortes von Hebräer 13,8 verstanden: »Jesus Christus ist gestern und heute derselbe und in Ewigkeit.« Daraus wird gefolgert: *Jesus Christus bleibt derselbe in Ewigkeit; hat er damals geheilt, wird er auch heute in der gleichen Weise jeden heilen, der zu ihm kommt.*

3. Schließlich heißt es im Zusammenhang mit dem Missionsbefehl, wie er uns am Schluß des Markus-Evangeliums überliefert ist (Mark. 16,17-18): »Diese Zeichen werden den Gläubigen folgen: in meinem Namen werden sie Dämonen austreiben, in neuen Zungen werden sie reden, Schlangen werden sie aufheben, und wenn sie etwas Tödliches getrunken haben, wird es ihnen nicht schaden; Kranken werden sie die Hände auflegen, und sie werden genesen.« In diesen Worten wird bereits ein Hinweis auf das gesehen, was der Apostel Paulus in 1. Korinther 12-14 über die Gaben des Heiligen Geistes schreibt. Hier folgern manche, *Zungenreden und Krankenheilungen müßten notwendig als Kennzeichen vorbildlichen geistlichen Lebens in den Gemeinden vorhanden sein. Ihr Fehlen weise auf einen deutlichen Mangel an Heiligem Geist hin*. Dabei werden die Aussagen von 1. Korinther 12-14 zumeist aus dem Zusammenhang des 1. Korinther-Briefes herausgelöst, und es wird übersehen, wie Pau-

lus deutlich macht, daß gerade in der Gemeinde in Korinth das Leben nicht dem Willen Gottes entsprach und die Gaben des Geistes nicht den Rückschluß auf ein geisterfülltes Leben ihrer Träger zuließen.

Bevor wir diese drei oben genannten Argumente ernsthaft auf ihre Berechtigung überprüfen können, müssen wir uns einen Überblick über die biblischen Aussagen zu Krankheit und Heilung verschaffen.

Eines wird aber hier bereits deutlich: Es geht einmal um den Stellenwert, den die Frage nach Krankheit und Heilung im Gesamtzeugnis der Heiligen Schrift einnimmt. Krankheit und Leiden sind schwerwiegende Faktoren im Leben der meisten Menschen. Wie sollen wir damit umgehen?

Ist es tatsächlich so, daß Gott nur »gesunde Kinder« haben möchte?

Sind körperliche und seelische Gesundheit ein zentrales Thema der biblischen Botschaft?

Ist jede Krankheit ein Angriff satanischer Mächte auf unser Leben, den wir mit allen Mitteln bekämpfen müssen?

Stürzen uns körperliche und seelische Leiden zwangsläufig in einen Abgrund der Sinnlosigkeit?

Die Antworten, die wir auf diese Fragen finden, werden weitreichende Auswirkungen auf unser Verhalten haben, wenn wir selbst oder Menschen in unserer nächsten Umgebung von Krankheit betroffen sind. Sie werden ebenso Auswirkungen auf Verkündigung und Seelsorge haben – ob wir uns und andere ermutigen, Krankheit aus Gottes Hand anzunehmen und geistlich zu verarbeiten, oder ob wir die Kräfte zum geistlichen Widerstand gegen dämonische Einwirkungen mobilisieren. Darum müssen Christen sich um biblische Maßstäbe und Leitlinien zur Beantwortung dieser Fragen mühen.

2. Krankheit und Heilung im Alten Testament

Die Menschen, von denen das Alte Testament berichtet, wissen um Krankheit, Leid und körperliche Gebrechen als unausweichlichen Bestandteil unserer Lebenswirklichkeit. So wird uns erzählt, daß Isaak im Alter sein Sehvermögen weitgehend verlor (1. Mose 27,1), daß Jakob seit dem »Kampf am Jabbok« an seiner Hüfte geschädigt war und zeitlebens hinkte (1. Mose 32,32), auch er konnte im Alter kaum noch sehen (1. Mose 48,10).

Ebenso wird uns vom Priester Eli berichtet: »Eli aber war achtundneunzig Jahre alt, und seine Augen waren so schwach, daß er nicht mehr sehen konnte« (1. Sam. 4,15; vgl. 1. Sam. 3,2).

Ähnlich wird vom Propheten Ahia von Silo berichtet (1. Kön. 14,4): »Ahia aber konnte nicht sehen, denn seine Augen standen starr vor Alter.«

Oft finden wir Hinweise auf menschliche Krankheiten. Meist wird der Krankheitsverlauf nur mit wenigen Worten angedeutet, wie z.B. in 2. Könige 13,14: »Als aber Elisa an der Krankheit erkrankte, an der er sterben sollte ...« Vereinzelt wird aber das Erscheinungsbild der Krankheit ausführlich beschrieben, so beim *Aussatz* (3. Mose 13 u. 14). Wir lesen von der Seuche der »*schwarzen Blattern*« (Geschwüre – Pocken?; 2. Mose 9,10). Uns wird von *angeborener und erworbener Blindheit* berichtet (3. Mose 19,14; 5. Mose 27,18). Die Frau des Pinehas stirbt bei der Entbindung *infolge eines seelischen Schocks*, den sie durch die Nachricht vom Tod ihres Mannes erlitten hat (1. Sam. 4,19-20). Der König Ahasja stürzt in seinem Palast und stirbt an den *Folgen der Verletzungen*, die er sich zugezogen hat (2. Kön. 1,2-4.17). Beim Propheten Jesaja werden offene *Wunden, Geschwüre, Herz- und*

Kreislaufstörungen im übertragenen Sinne Ausdrucksmittel für das gestörte Verhältnis des Menschen zu Gott (Jes. 1,5-6).

Immer wieder taucht am Horizont biblischer Berichterstattung die Vielzahl orientalischer Krankheiten auf.[11] Wenn die Beter der Psalmen unter Krankheit seufzen und zu Gott um Hilfe schreien, dann sind in ihren Worten manchmal die Grenzen zwischen körperlichen Leiden und seelischen Nöten fließend. Krankheit im Alten Testament ist nicht nur Vorbote des Todes (1. Mose 48,1.21; Jes. 38,1), sondern deutet auch auf die gestörte Beziehung des Menschen zu Gott.

Die tiefste Wurzel aller Krankheit ist in dem Geschehen zu suchen, das in 1. Mose 3 geschildert wird. Der Mensch tritt aus dem von Gott gewollten Urstand heraus. In freiwilliger Entscheidung übertritt er Gottes Ordnungen, löst sich im Ungehorsam aus der Abhängigkeit von Gott und zerbricht die ursprüngliche Gemeinschaft mit Gott, die seine Lebensbestimmung ausmachte.

Auch wenn eine Krankheit nicht unmittelbar vom Menschen verschuldet sein muß (vgl. Joh. 9,1-3), weiß die Bibel, daß die letzte Ursache von Krankheit und Leid in der Sünde des Menschen, in seiner Trennung von Gott liegt.[12] Krankheit ist Unordnung im leiblich-seelischen Bereich als Folge und Ausdruck gestörter Schöpfungsordnung. Gott hat den Menschen zur höchstmöglichen Lebensentfaltung bestimmt.

Der Mensch aber, von der Quelle des Lebens (Ps. 36,10), von der Gemeinschaft mit Gott abgeschnitten, wird zum offenen Tummelplatz für alle lebenzerstörenden Kräfte. Krankheit ist ein selbstzerstörerischer Akt der menschlichen Natur, dessen Wurzel in dem gestörten Gottesverhältnis liegt, das wir Menschen von uns aus nicht wiederherstellen können.

Aber nicht nur Krankheiten und ihre Ursache werden

uns im Alten Testament gezeigt; auch von wunderbaren Heilungen als Eingriff Gottes in die gestörte Schöpfungsordnung wird berichtet:

Mirjam, die Schwester des Mose, wird von ihrem Aussatz geheilt (4. Mose 12,10-15), als Mose für sie betet: »Mose aber schrie zu dem HErrn: Ach Gott, heile sie!«

Naeman, der Feldhauptmann des Königs von Syrien, erlebt, wie Gott ihn vom Aussatz heilt. Das geschieht aufgrund des Vertrauens und Gehorsams gegenüber dem Wort des Propheten Elisa, wozu ihn seine Knechte ermutigen. (2. Kön. 5,8-14).

Der König Hiskia wird auf sein Gebet hin von Gott geheilt, wobei der Prophet Jesaja ihm ein Feigenpflaster auf seine kranke Drüse legt (2. Kön. 20,1-7; Jes. 38).

Für die kommende messianische Heilszeit wird erwartet, daß Gott dann alle Krankheiten heilen wird (Jes. 35; Hes. 47,12).

Wesentlich bei diesen Aussagen ist, daß die körperliche Heilung immer mit einer inneren Wandlung in Verbindung steht, in der der Kranke auf Gottes Wort eingeht, das ihm gesagt wird, und in die Gemeinschaft mit Gott zurückfindet.

Aufschlußreich für das Verständnis von Krankheit und Heilung ist der Gebrauch des Wortes »heilen« (hebr. *rapha*), das im Alten Testament 61 mal vorkommt.[13]

Zum einen ist »heilen« ein Handeln Gottes, durch das er dem Menschen die körperliche Gesundheit zurückgibt (so 1. Mose 20,17; 4. Mose 12,13; 5. Mose 32,39; 2. Kön. 20,5.8; Ps. 107,20 u.a.). Zum andern fällt auf, daß die Propheten Jesaja, Jeremia und Hosea das Wort »heilen« ausschließlich im bildhaften, übertragenen Sinn gebrauchen: Das gestörte Gottesverhältnis soll heil werden; Menschen sollen von ihrem Ungehorsam gegen Gott geheilt, aus einem Leben in Sünde und Schuld befreit werden. Die Heilung von körperlichen Krankheiten tritt demgegenüber in den Hintergrund. »Heilen« kann also beides bedeuten: einerseits die Wiederherstellung leiblicher Kräfte, andererseits die geistlich-seelische Heilung.

Schließlich gibt es einige Aussagen im Alten Testament, die den kausalen Zusammenhang von Sünde und Krankheit hervorheben und Heilung im Sinne des Miteinanders von Vergebung und körperlicher Gesundung verstehen, etwa Psalm 41,5: »Ich sprach: HErr, sei mir gnädig! Heile mich; denn ich habe gesündigt« (ähnlich Psalm 6,3f; Ps. 30,3f). In diese Richtung weist auch das Wort Psalm 103,3: »... der dir alle deine Sünden vergibt und heilt alle deine Gebrechen.«

Wir hatten schon darauf hingewiesen, daß im biblischen Denken ein Urzusammenhang zwischen Sünde und Krankheit besteht. Das hier mit »Gebrechen« übersetzte, selten gebrauchte hebräische Wort bedeutet nicht notwendig eine körperliche Krankheit, sondern weist auf eine Schwächung der Widerstandskraft gegenüber allen lebenszerstörenden Kräften hin.

Das Wort Psalm 103,3 kann sich auf körperliche Erkrankung beziehen, läßt aber nicht die Schlußfolgerung zu, »daß Sündenvergebung und Heilung von Krankheit eine unauflösbare Einheit bilden«. Allein von Psalm 103,3 kann man nicht eine solche Behauptung ableiten: »Dieser, für die Bibel, für die Botschaft und den Dienst Jesu und seiner Gemeinde zentrale Text bezeugt die zwei Seiten des einen Handelns Gottes: Er vergibt – und zwar alle unsere Sünden! Diese Vergebung schließt aber das andere in sich: Er heilt, – und zwar alle unsere Krankheiten!«[14] Man sollte zumindest ergänzen: Gott kann alle unsere Krankheiten – ob Folgen unserer persönlichen Schuld oder nicht – heilen, aber er muß es nicht!

Hier ist auch zu bedenken, daß das Buch Hiob persönlich erlittene Krankheitsnot als Folge von Entscheidungen in der unsichtbaren Welt Gottes sieht, die wir gedanklich nicht vollständig erhellen können. Und Psalm 73 macht deutlich, daß Gott seinen Kindern auch unverstandene Leiden auferlegen kann.

Während »heilen« ein immer wiederkehrendes Wort im Alten Testament ist, wird nur fünfmal vom »Arzt« gesprochen[15]:

Ägyptische Ärzte salben den Leichnam Jakobs und balsamieren ihn vor der Überführung von Ägypten nach Hebron im Lande Kanaan (1. Mose 50,2).

Gott stellt sich seinem Volk beim Auszug aus Ägypten vor: »Ich bin der Herr, dein Arzt« (2. Mose 15,26).

Auf dem Hintergrund dieses Wortes ist die Anfrage Gottes durch Jeremia beim Anbruch der nationalen Katastrophe in der Zerstörung Jerusalems verständlich: »Ist denn keine Salbe in Gilead, oder ist kein Arzt da?« (Jer. 8,22).

Bemerkenswert ist die Notiz aus 2. Chronik 16,12: »Im 39. Jahr seiner Regierung erkrankte Asa an einem Fußleiden, und zwar in sehr ernster Weise; aber auch in seiner Krankheit suchte er nicht beim HErrn Hilfe, sondern bei den Ärzten.« Die Kritik in den Worten des alttestamentlichen Berichterstatters ist unüberhörbar.

Einige Ausleger der Heiligen Schrift gehen von der stillschweigenden Voraussetzung aus, daß es in Jerusalem keine »Ärzte« gegeben habe, und sehen einen grundlegenden Zusammenhang zwischen dem Wort 2. Mose 15,26 und den zehn Geboten.

So argumentiert H. Bräumer: »›Ich bin der Herr, dein Arzt‹ ist die Anwendung der ersten beiden der Zehn Gebote für den Fall der Krankheit ... Die Priesterärzte, die Asa rufen ließ, gehörten aber zum Kultpersonal der heidnischen Tempel auf den Höhen außerhalb von Jerusalem. Asa wünschte durch die Macht dieser fremden Götter geheilt zu werden. Er setzte sein Vertrauen auf den Zauber und die von Götzendienern angebotenen Wunderheilungen ...

Damit versündigte er sich gegen das erste Gebot: ›Ich bin der Herr, dein Gott‹, und gegen das zweite: ›Du sollst keine anderen Götter haben neben mir.‹«[16]

Trotz dieser Einschränkung wird im mosaischen Gesetz wie auch bei der Begegnung des Propheten Jesaja mit dem kranken König Hiskia (2. Kön. 20,5-8; par. Jes. 38,1.21) mit einer gewissen Selbstverständlichkeit von der ärztlichen Tätigkeit des Heilens gesprochen. So heißt es in 2. Mose 21,18-19: »Wenn Männer miteinander streiten und einer schlägt den andern mit einem Stein oder mit der Faust, so daß er zwar nicht stirbt, aber doch bettlägerig wird, so soll der Täter straflos bleiben, wenn jener wieder aufkommt und an seinem Stock draußen umhergehen kann; nur soll er ihm vergüten, was er versäumt hat, und den Arzt bezahlen.«

In den Bereich des alttestamentlichen Denkens gehört auch das »Lob des Arztes« im Buch Jesus Sirach, das zwar nicht zu den Schriften des Alten Testamentes im engeren Sinne gehört, sondern unter den alttestamentlichen Apokryphen aufgeführt wird.[17] Nichts im Alten Testament, ebenso wie im Neuen Testament, widerspricht den hier geäußerten Gedanken über Krankheit und Heilung. In dem Abschnitt Sirach 38,1-15 heißt es:

»Ehre den Arzt mit der ihm gebührenden Verehrung, damit du ihn habest zur Zeit der Not, denn der Herr hat ihn eingesetzt. Von Gott hat der Arzt die Weisheit, und Könige ehren ihn. Die Kunst des Arztes erhöht ihn und macht ihn groß bei Fürsten und Herren. Der Herr bringt die Heilmittel aus der Erde hervor, und ein verständiger Mensch verachtet sie nicht. Das bittere Wasser wurde ja süß durch ein Holz, damit man dessen Kraft erkennen sollte. Und er selbst ist's, der den Menschen das Wissen verleiht, um sich durch seine wunderbaren Heilmittel zu verherrlichen. Durch sie heilt der Arzt und vertreibt die Schmerzen, und der Apotheker bereitet aus ihnen die Mischungen.

Gottes Wirken soll eben kein Ende nehmen, und er gibt alles, was gut ist, auf Erden.

Mein Sohn, wenn du krank bist, so verachte dies nicht, sondern bete zum Herrn, so wird er dich heilen. Laß von der Sünde, mache deine Hände unsträflich, und reinige dein Herz von aller Sünde ...

Danach laß den Arzt zu dir, denn der Herr hat ihn geschaffen; er soll dir nicht fernbleiben, denn auch ihn hast du nötig. Es kommen Zeiten, da dem Kranken durch ihn geholfen werden muß, da ja auch er zu Gott betet, daß er ihm die Diagnose gelingen lasse und die Heilung zur Wiederherstellung. Wer sich gegen seinen Schöpfer versündigt, möge in die Hände des Arztes fallen.«[18]

3. Heilungsberichte in den Evangelien

Die Evangelien berichten eine Vielzahl wunderbarer Heilungen. Verkündigen und heilen, das ist der zweifache Auftrag des Messias, zu dessen Erfüllung Jesus als der Sohn Gottes gekommen ist (Jes. 61,1; Luk. 4,18.21). Allein im Matthäus-Evangelium sind 20 Heilungsberichte überliefert.[19]

Es kann hier nicht unsere Aufgabe sein, jeden einzelnen Bericht zu untersuchen und mit den Parallelberichten in den anderen Evangelien zu vergleichen. Wichtig ist die vielfältige Art, in der Jesus die Kranken heilt, und die unterschiedliche Bedeutung, die dem Glauben und dem Gebet des Kranken oder der Menschen seiner Umgebung bei der Heilung zukommen. Schon bei einem ersten Überblick erkennen wir, daß wir aus den Evangelien keine Methoden der Heilung ableiten können. Jesus Christus handelt nie nach einem festgelegten Muster, auch wenn sich im Vollzug seiner Heilungen »Berührungspunkte mit antiker Volksmedizin und Wunderpraxis« erkennen lassen: das Berühren der kranken Stelle, die Verwendung von Speichel, das Aufblicken zum Himmel und das Seufzen im Gebet.[20] Es gibt keine Rezepte, keine Verhaltensmuster, die wir im Fall der Krankheit anzuwenden hätten, um mit unserem Glauben oder unseren Gebeten zwangsläufig zum Erfolg zu kommen. Heilungen liegen allein im Bereich von Gottes souveränem Handeln. So bleibt Jesus auch in der Art seiner Zuwendung zum Kranken der einzigartige Herr, den wir nicht nachahmen können. Jesus heilt auf verschiedene Art und Weise.

Jesus heilt durch sein Wort. Dazu heißt es in Matthäus 8,13: »Geh hin! Wie du geglaubt hast, so geschehe dir! Und sein Diener wurde zur selben Stunde gesund.« Auch in Matthäus 8,16 heißt es: »Als es dann Abend geworden war, brachte man viele Besessene zu ihm, und er trieb die bösen Geister durchs Wort aus und heilte alle, die ein Leiden hatten.«[21]

Jesus heilt Kranke, indem er sie anrührt. So z.B. in Matthäus 8,2-3: »Da trat ein Aussätziger herzu, warf sich vor ihm nieder und sagte: Herr, wenn du willst, kannst du mich reinigen. Jesus streckte seine Hand aus, faßte ihn an und sagte: Ich will's, werde rein! Da wurde er sogleich von seinem Aussatz rein.«

Jesus faßt den Aussätzigen an; dabei geht es nicht primär um das Berühren der kranken Stelle, wie Jesus das in eindrücklicher Weise bei einer Blindenheilung getan hat (Mark. 8,22-25). Hier macht Jesus zeichenhaft deutlich, daß er die natürliche Distanz des Gesunden gegenüber dem Kranken (das galt besonders für den Israeliten gegenüber dem Aussätzigen, vgl. 3. Mose 13,45-46) überwindet und dem Leidenden unmittelbar seine heilende Kraft zuteil werden läßt.

Jesus heilt durch Handauflegung. In Markus 6,5 heißt es, daß Jesus »einige Kranke durch Handauflegen heilte«. Markus 8,22-26 berichtet sogar davon, daß Jesus einen Blinden erst nach *zweimaliger Handauflegung* heilt. Schon die Auswahl der Worte, mit dem das Ereignis beschrieben wird, ist theologisch von Bedeutung. Der Begriff der Handauflegung ist schon vom Alten Testament her inhaltlich gefüllt. Durch Handauflegung, verbunden mit Gebet, wird Gottes Segen und Kraft einem Menschen unmittelbar und körperlich spürbar zugeeignet. Wenn Jesus Kranken die Hände auflegt, so soll der Segen Gottes auf sie direkt übertragen werden. Gottes Segen soll als sein neuschaffendes Handeln in der Wiederherstellung der körperlichen Gesundheit offenbar werden (vgl. auch Luk. 13,13).[22]

Jesus heilt, indem er den Kranken gewährt, ihn anzurühren. In Markus 6,56 lesen wir: »Sie legten die Kranken auf die freien Plätze nieder und baten ihn, daß sie auch nur die Quaste seines Rockes anfassen dürften; und alle, die ihn anfaßten, wurden gesund.« Hierher gehört auch der Bericht von der Heilung der blutflüssigen Frau (Matth. 9,20-22).[23]

Jesus heilt aufgrund von Bitte und Glaube. Aus der Vielzahl der Heilungswunder, von denen die Evangelien erzählen, greifen wir nur einige besonders eindrückliche Beispiele heraus. Jesus fragt die Blinden, die Heilung bei ihm suchen: »Glaubt ihr, daß ich dies zu tun vermag?« (Matth. 9,28). Hier ist der *Glaube der Kranken* selbst gemeint. »Das heißt aber nicht, daß der Glaube selbst die Wunder wirkende Kraft ist, sondern er ist die Bereitschaft, das Wunder zu empfangen.«[24] Häufiger aber handelt es sich um den *Glauben anderer*, wie des Hauptmanns, der für seinen Diener bittet (Matth. 8,5-6.10), der Eltern (Mark. 5,22-23; Joh. 4,47), der Freunde des Gelähmten (Mark. 2,5).

Manchmal ist es die *Bitte der Kranken* selbst, die Jesus zum Eingreifen veranlaßt, so bei der Heilung der zehn Aussätzigen (Luk. 17,13); manchmal *die Bitte anderer*, so der Syrophönizierin für ihre Tochter (Mark. 7,26; vgl. Mark. 9,22).

Jesus heilt Kranke, die es nicht von ihm erwarten. Zu den hervortretenden Merkmalen einzelner Heilungsberichte gehört die Tatsache, daß Jesus auch unaufgefordert heilt. Den Mann am Teich Bethesda, der 38 Jahre lang an seiner Krankheit gelitten hatte, fragt Jesus unvermittelt: »Willst du gesund werden?« (Joh. 5,5-6). Ähnliches gilt für den Mann mit dem gelähmten Arm, den Jesus in der Synagoge heilt, indem er ihn anspricht: »Stehe auf, und tritt in die Mitte! – Strecke deinen Arm aus!« (Mark. 3,1-5), wie auch für die Frau, die achtzehn Jahre lang krank war (Luk. 13,11-13). Zu diesen Heilungen gehört auch der Bericht aus Lukas 22,51, wo Jesus das Ohr des hohenpriesterlichen Dieners Malchus heilt, das Petrus ihm abgeschlagen hatte (vgl. Joh. 18,10).

Jesus verbindet Sündenvergebung und Heilung. Obgleich Jesus heilt, auch ohne ausdrücklich darum gebeten zu sein, dann also keine Vorleistung des Glaubens fordert, und einen absoluten Kausalzusammenhang zwischen Sünde und Krankheit ablehnt (vgl. Joh. 9,1-3), wird uns doch ein Fall einer Krankenheilung ausführlich berichtet, bei dem Jesus dem Kranken zuerst die Vergebung zuspricht (Mark. 2,1-12). Dadurch wird nicht nur der verborgene Zusammenhang zwischen Sünde und Krankheit deutlich, sondern Jesus betont damit, daß das Heil wichtiger ist als die Heilung.

Alle Heilungsberichte der Evangelien stehen unter der inneren Spannung zweier entgegengesetzter (scheinbar widersprüchlicher) Tatsachen. Einerseits heißt es in Matthäus 4,23: »Jesus heilte alle Krankheiten und alle Gebrechen«; es gab kein Leiden, von dem er nicht Menschen befreien konnte. Dazu gehört die Aussage von Matthäus 8,16: »Er heilte alle, die ein Leiden hatten.« Diesen Worten steht der Bericht Johannes 5,1ff gegenüber, daß am Teiche Bethesda »Kranke in großer Zahl lagen, Blinde, Lahme und Schwindsüchtige«. Tatsache ist, daß Jesus nur einen einzigen von ihnen geheilt hat und an allen anderen vorübergegangen ist.

Wenn Jesus also zu einer bestimmten Stunde alle Leidenden heilte, die seine Nähe und Hilfe suchten, bei anderer Gelegenheit aber nur einen einzigen unter vielen Kranken, dann ist sein Handeln dennoch nicht von Willkür und Gutdünken bestimmt gewesen. Auf die Praxis der Heilungen Jesu wird wie auf alle seine Wunder das Bekenntnis zu seiner totalen Abhängigkeit von Gott zu beziehen sein: »Der Sohn kann nichts von sich aus tun, sondern nur, was er den Vater tun sieht; denn was jener tut, das tut in gleicher Weise auch der Sohn« (Joh. 5,19).

4. Heilungen: Zeichen des Messias – Sendung der Jünger

In Jesus Christus kommt Gottes Herrschaft zu den Menschen. Wort und Tat, Verkündigung und Heilung kennzeichnen den Anbruch der neuen Zeit. Die Krankenheilungen werden in den Evangelien deutlich als Beweis für die Messianität Jesu verstanden, als Erfüllung alttestamentlicher Weissagungen.

Hier findet auch das Wort aus Jesaja 53,4 seine richtige theologische Deutung: »Unsere Krankheiten hat er getragen, und unsere Schmerzen hat er auf sich genommen.« Diese Verheißung kann man nicht beliebig auf jede Krankheit eines Gläubigen in der Gemeinde beziehen. Der Evangelist Matthäus macht deutlich, daß diese Weissagung aus Jesaja 53,4 in der damaligen geschichtlichen Situation, am Abend in Kapernaum, ihre volle Erfüllung gefunden hat (Matth. 8,16-17), wie später die Weissagung aus Jesaja 53,5-7 in der unwiederholbaren Stunde der Kreuzigung Jesu in Erfüllung ging.

In den Heilungen wird deutlich, daß Jesus der Messias, der Christus ist: Darauf deutet die Antwort Jesu an die Jünger Johannes des Täufers hin (Matth. 11,4-5), in der er auf die Verheißungen aus Jesaja 35,5-6 und Jesaja 61,1 zurückgreift: »Geht hin und berichtet dem Johannes, was ihr hört und seht: Blinde werden sehen und Lahme gehen, Aussätzige werden rein und Taube hören, Tote werden auferweckt und Armen wird die Heilsbotschaft verkündigt.« H. Bräumer interpretiert diesen Tatbestand so: »Jesus heilte Kranke und weckte Tote auf, aber er verbannte weder den Tod noch die Krankheiten aus der Welt. Jesus kam nicht in die Welt, um den Tod und die Krankheiten auszurotten, sondern um die Macht Gottes über den Tod und die Krankheiten zu bezeugen.«[25]

Zeichen für den Anbruch der messianischen Heilszeit sollen die Heilungen sein. Sie sind Begleiterscheinungen der Verkündigung, nicht Anlaß zur Sensation. Darum weist Jesus jede Zeichenforderung zurück (Matth. 12,38-42) und befiehlt oft den Geheilten Verschwiegenheit (vgl. Matth. 8,4; 12,16).

Weil Jesu Jünger Anteil an der Gottesherrschaft haben, gibt Jesus ihnen den Auftrag zu predigen und zu heilen (Matth. 10,1- 8). Wie Jesus im Gehorsam gegen den Auftrag des Vaters gehandelt hat, so handeln die Jünger Jesu im Gehorsam gegenüber dem Auftrag ihres Herrn (vgl. Joh. 5,19; 20,21). Das gilt für die erste Aussendung seiner Jünger in das Volk Israel (Mark. 6,7.12-13): »Er begann sie paarweise auszusenden und gab ihnen Vollmacht ... Sie machten sich auf den Weg und predigten, man solle Buße tun; sie trieben auch viele böse Geister aus, salbten viele Kranke mit Öl und heilten sie.« Das gilt ebenfalls für die zweite Aussendung, für den Auftrag der Mission in aller Welt (Mark. 16,19-20).[26] Die Wunder, die durch Wort und Handeln der Jünger geschehen sollen, sind Vorzeichen der kommenden Gottesherrschaft, die einmal allgemein herstellen wird, was jetzt nur vereinzelt und prophetisch geschieht.[27]

Jesus macht seine Jünger darauf aufmerksam, daß beides, Verkündigung und Heilung, abhängig ist von der Vollmacht, die er gibt, also nur in der gelebten Abhängigkeit von ihm ausgeübt werden kann. Vollmacht ist Unmittelbarkeit des Redens Gottes durch die Verkündigung des Jüngers (die ihm selbst gar nicht bewußt zu sein braucht) und Unmittelbarkeit des Handelns Gottes durch die Heilung in der jeweiligen Situation. Vollmacht gibt es nie auf Vorrat, sie läßt sich auch nicht durch den Glaubensgehorsam des Jüngers konservieren. Sie steht nie dem Glaubenden zur Verfügung, sondern wird von Gott entsprechend der geistlichen Frontlage gegeben. Dieser Tatbestand wird besonders in Lukas 9 hervorgehoben. Zunächst sendet Jesus seine Jünger aus: »Er rief die Zwölf zusammen und gab ihnen Kraft und Vollmacht über alle bösen Geister sowie zur Heilung von Krankheiten; hierauf sandte er sie aus, das Reich Gottes zu verkündigen und zu heilen« (Luk. 9,1-2). Die Vollmacht, die Jesus seinen Jüngern gibt, umschließt Inhalt und Dauer des Auftrages: »Sie verkündeten überall die Heilsbotschaft und vollführten Heilungen« (Luk. 9,6b). Wenig später bringt ein Vater seinen kranken Sohn zu den Jüngern, die nicht in der Lage sind, ihn zu heilen. Er sagt dann zu Jesus: »Ich habe deine Jünger gebeten, sie möchten ihn heilen, doch sie haben es nicht gekonnt« (Luk. 9,40). Davon, daß dieser Mangel an Vollmacht auf persönliches Versagen der Jünger oder Sünde in ihrem Leben zurückzuführen sei, wird nichts gesagt.[28]

Zeichen und Wunder – dazu gehören auch Krankenheilungen –, die Gott wirkt, sind Manifestationen seines unmittelbaren Handelns, »Proben seiner Macht« (5. Mose 4,34; 7,19; 29,2). Sie sind immer etwas Außergewöhnliches, nicht die Regel, sondern die Ausnahme. Es werden in der Bibel aber auch Zeichen und Wunder beschrieben, die mehrdeutig in ihrer Kausalität sind (2. Mose 7,22; 8,3; Apg. 13,6ff). Sieht man auf ihren Ursprung, begegnet man okkulten Praktiken; bedenkt man ihre Wirkung: Gott unterwirft sie den Zielen seines gerichtlichen Handelns. Viele Zeugen der Wunder Jesu kamen zu unterschiedlichen Aussagen über Jesus (Matth. 16,13ff). Selbst Johannes der Täufer, der von den Taten Jesu hörte, war in seinem Urteil unsicher (Matth. 11,2f).

Heilungen, wie auch andere Zeichen und Wunder, sind also kein schlüssiger Beweis dafür, daß Menschen – auch Glaubende, die sie vollbringen – ausschließlich unter göttlichem Auftrag und in der Kraft des Heiligen Geistes handeln. Jesus hat vor falschen Wundertätern gewarnt, die in seinem Namen auftreten werden (Matth. 7,22). Die letzte Wegstrecke der Gemeinde Jesu vor der Wiederkunft des

Herrn wird dadurch gekennzeichnet sein, daß Zeichen und Wunder geschehen, die nicht von Gott gewirkt sein werden, aber solche Faszination ausüben, daß möglicherweise auch die Gläubigen durch sie verführt werden könnten (Matth. 24,24; 2. Thess. 2,9).

Dadurch wird im Raum der Gemeinde die »Prüfung der Geister« notwendig, wie sie Johannes dringlich anmahnt (1. Joh. 4,1). Hier handelt es sich um eine Gabe des Heiligen Geistes (1. Kor. 12,10), die in das Leben der Gemeinde der Glaubenden eingebettet und ihr als Hilfe für den gemeinsamen Weg gegeben ist.

5. Krankheit und Heilung in den ersten christlichen Gemeinden

Vergleichen wir die Evangelien mit den übrigen neutestamentlichen Schriften, so fällt uns sofort auf, wie in den Evangelien das heilende Handeln Jesu geradezu integrierender Bestandteil der Verkündigung Jesu ist. Heilungen gehören zum Alltag seines messianischen Dienstes.

Dieser Wesenszug des Handelns Jesu setzt sich in Leben und Dienst der Gemeinde nicht geradlinig fort. In der Person Jesu Christi, des Sohnes Gottes, ist Gottes Wirklichkeit erschienen (Joh. 10,30; 14,9) und seine Herrschaft in der Welt offenbar geworden: »Das Reich Gottes ist nahe herbeigekommen« (Mark. 1,15). Nach Kreuzestod, Auferstehung und Himmelfahrt wirkt der erhöhte Herr durch seinen Heiligen Geist in den Gliedern seines Leibes, der Gemeinde der Glaubenden.

Es ist derselbe Herr, aber es ist doch sein verborgenes Handeln, das nur in einzelnen Stunden der Reichsgottesgeschichte in Macht und Herrlichkeit aufstrahlt. Es ist nicht zu jeder Zeit und an jedem Ort die gleiche Unmittelbarkeit wie in Jesu irdischer Wirksamkeit aufweisbar. Paulus bezeugt: »Wir haben diesen Schatz in irdenen Gefäßen« (2. Kor. 4,7).

In der Apostelgeschichte, die in ihrer Berichterstattung einen weitaus längeren Zeitraum als die Evangelien umfaßt, finden wir nur sieben Heilungsberichte.[29] Heilungen geschehen – vereinzelt; in den Vordergrund tritt die Verkündigung des Evangeliums.

In den Briefen des Neuen Testamentes treten Heilungsberichte völlig zurück, ebenso in den Schilderungen des Gemeindelebens, wie es sich in den sieben Sendschreiben der Offenbarung spiegelt (Offb. 2 u. 3).[30] Die wenigen Hinweise zu unserem Thema lassen sich rasch überblicken:

Körperliche und seelische Gesundheit sind nicht selbstverständlicher Besitz des Menschen, sondern Gabe Gottes und darum auch Gegenstand apostolischen Segenswunsches: »Ich wünsche dir allseitiges Wohlergehen und Gesundheit, wie es deiner Seele wohl ergeht« (3. Joh. 2).

In der Gemeinde in Thessalonich sind Gemeindeglieder erkrankt und gestorben. Paulus geht auf die besorgten Fragen der Christen ein und tröstet sie mit der Hoffnung auf den wiederkommenden Herrn Jesus Christus (1. Thess. 4,13-18).

Paulus deutet die Krankheit mancher Christen in der Gemeinde in Korinth als Folge unwürdigen Verhaltens am Tisch des Herrn (1. Kor. 11,30).[31]

Dem Apostel Paulus war die Gabe der Heilung anvertraut, und er hat sie unaufgefordert zur Heilung von Heiden auf der Insel Malta angewandt (Apg. 28,7-10). Ganz offensichtlich hat er diese Gabe aber nicht eingesetzt, als sein Mitarbeiter Epaphroditus in Rom todkrank war (Phil. 2,27.30); den Trophimus hat er in Milet krank zurückgelassen (2. Tim. 4,20) und seinen Mitarbeiter Timotheus wegen seines Magenleidens und seiner häufigen Schwächeanfälle nicht auf die Möglichkeit der Glaubensheilung verwiesen, sondern ihm eine gesunde Lebensweise verordnet: »Trinke nicht mehr nur Wasser, sondern nimm etwas Wein hinzu« (1. Tim. 5,23).

Neben all den körperlichen Beschwerden, die der Apostel Paulus im Dienst seines Herrn Jesus Christus zu erdulden hatte und die er in 2. Korinther 11,23-27 aufzählt, hatte er ein schweres (offensichtlich auch schmerzhaftes) körperliches – vielleicht auch inneres – Leiden zu tragen, das ihm zu geistlicher Anfechtung wurde und hinter dem er die Macht des Satans erkannte. In diesem Zusammenhang ist der Hinweis des Paulus in Galater 4,13 bedeutsam: »Ihr wißt doch, daß ich krank war, als ich euch das erstemal das Evangelium gepredigt habe.«[32] Er berichtet, Gott dreimal ganz gezielt gebeten zu haben, ihn von diesem Leiden zu befreien. Gott hat auf sein Gebet geantwortet, ihm aber nicht seinen Wunsch erfüllt. Dafür hat Gott ihm die innere Kraft gegeben, dies Leiden aus seiner Hand anzunehmen und geduldig zu tragen (2. Kor. 12,7-10).[33]

Was uns an Krankheit und Leiden im Neuen Testament begegnet, ist aber nur eine Seite der Berichterstattung. Überall, wo das Evangelium verkündigt wird, wird auch auf die Möglichkeit hingewiesen, daß Jesus Christus als der erhöhte Herr durch die Kraft des Heiligen Geistes heilend in das Leben eines Menschen einzugreifen vermag – und daß er sich dazu auch gläubiger Menschen bedient. Das wird in zweifacher Weise konkret:

Gott gibt einzelnen Gliedern der Gemeinde Jesu für einen besonderen Dienst in der Gemeinde durch seinen Heiligen Geist Gaben der Heilung. Paulus zählt in Römer 12 und 1. Korinther 12 eine Reihe von »Gnadengaben« auf. Eine »Gnadengabe« (griech. *charisma*) ist eine bestimmte Begabung und der entsprechende Dienst eines einzelnen Christen innerhalb der Gemeinde.[34] In 1. Korinther 12,9 spricht der Apostel davon, daß Christus einzelnen Gliedern »Gaben der Heilung« anvertraut. Die Pluralform, in der Paulus spricht (im Gegensatz zur »Weisheitsrede«, »Erkenntnisrede« und »Glauben«, von denen er in der Einzahl spricht), deutet wohl nicht nur auf die Möglichkeit zahlreicher Heilungen hin, sondern darauf, daß sich diese Gabe in mehrfacher Form wirksam erweisen kann: als heilende Berührung, als heilendes Gebet und als heilendes Wort. In jedem Fall handelt es sich darum, daß Gott einzelne Christen in seinem Dienst gebraucht, um durch die Wirkung seines Geistes kranke Menschen in den Einflußbereich seiner heilenden Kraft zu bringen.

Sodann wird von der Möglichkeit gesprochen, daß ein Kranker die Ältesten der Gemeinde zu sich rufen läßt, die ihn mit Öl salben und über ihm beten sollen (vgl. Mark.

6,13; die einzige Stelle im Neuen Testament, in der die Ölsalbung durch die Jünger erwähnt wird). Dieser zweite Weg, auf dem die Gemeinde den Heilungsauftrag erfüllen kann, wird uns in Jakobus 5,13-18 gewiesen:

»Hat jemand unter euch zu leiden, so bete er; geht es jemandem gut, so singe er Loblieder. Ist jemand unter euch krank, so lasse er die Ältesten der Gemeinde zu sich kommen; diese sollen dann über ihm beten, nachdem sie ihn im Namen des Herrn mit Öl gesalbt haben; alsdann wird das gläubige Gebet den Kranken retten, und der Herr wird ihn aufrichten, und wenn jemand Sünde begangen hat, wird ihm Vergebung zuteil werden. Bekennt also einander die Sünden und betet füreinander, damit ihr geheilt werdet. Das Gebet des Gerechten besitzt eine große Kraft, wenn es ernstlich ist. Elia war ein Mensch von gleicher Art wie wir; und er betete inständig, daß es nicht regnen sollte, und es regnete nicht auf Erden drei Jahre und sechs Monate. Und er betete noch einmal, da gab der Himmel Regen und die Erde ließ ihre Frucht hervorwachsen.«

Dieser Abschnitt trägt in der Luther-Übersetzung die Überschrift »Das Gebet für die Kranken«, in der Revidierten Elberfelder Bibel ist er überschrieben »Krankheit, Sünde und die Macht des Gebetes«. Der Text wird häufig als apostolische Anweisung zur Krankenheilung verstanden, ist aber zuerst eine Ermutigung zum Gebet. Die wenigen Verse lassen sich deutlich in drei Abschnitte einteilen, in denen drei unterschiedliche Personenkreise angesprochen werden, wie auch drei unterschiedliche Begriffe der griechischen Sprache verwandt werden, um Krankheit und Leid zu beschreiben: Der Leidende soll selber beten (V. 13); die Ältesten sollen beten (V. 14-15); und schließlich sollen die Gemeindeglieder aneinander Seelsorge üben und füreinander beten (V. 16). In einem Nachsatz wird dann noch an das Gebet des Propheten Elia erinnert (V. 17-18).

Zunächst soll der Leidende selber beten. Hier wird ganz

realistisch festgestellt, daß auch Christen durch Leiden gehen. Das griechische Wort *kakopathein* meint mehr als nur körperliche Krankheit; es umfaßt jeden Verlust und Schmerz, der uns zugefügt wird; alle Formen körperlicher Beschwerden, unter denen Christen manchmal seufzen (2. Kor. 5,2.4), sind darin eingeschlossen. Wir dürfen seufzen, aber wir sollen auch beten. »*Leidet jemand unter euch, der bete!*« Wer krank ist, soll zu allererst selber beten, bevor er andere Christen um ihre Fürbitte angeht. In diesem Gebet ist die Selbstprüfung mit Sicherheit eingeschlossen: die Frage, welche Absicht Gott wohl haben mag, wenn er uns gerade zu diesem Zeitpunkt eine Krankheit auferlegt. Zeiten der Krankheit sollen für uns zu einer Zeit des Gebets werden, das uns näher zum Herrn bringt; zu einer Zeit, in der wir Christus besser kennenlernen.

Das Gebet des Kranken wird kein Monolog sein, in dem er Gott seine Wünsche vorträgt. Gott wird auf Bitten und Fragen eines Christen antworten und ihm durch seinen Geist innere Weisung geben, ob er für sich um baldige Genesung beten soll. Wird ihm diese Zuversicht geschenkt, darf er bitten: »Herr, wenn du willst, kannst du mich heilen« (vgl. Mark. 1,40-42). Es kann also nicht darum gehen, daß wir versuchen, das Leiden um jeden Preis »wegzubeten«. Christen sollen Nachfolger ihres Herrn Jesus Christus sein, von dem der Apostel im Hebräerbrief bezeugt, daß er »an dem, was er litt, den Gehorsam lernte« (Hebr. 5,8), und der selber in der Stunde größter Anfechtung dreimal betete: »Mein Vater, wenn es möglich ist, so gehe dieser Kelch an mir vorüber; doch nicht wie ich will, sondern wie du willst« (Matth. 26,39.42.44).

Der nachfolgende Satz in Jakobus 5,13 »*Ist jemand guten Muts, der singe Psalmen*« könnte darauf hindeuten, daß Gott auf das schlichte Gebet eines einzelnen Christen um Heilung für sich geantwortet hat und solcher Mensch Gott dafür von Herzen danken sollte. Vielleicht müssen wir aber diesen Satz in viel umfassenderen Sinn verstehen, zumal der Apostel Jakobus seinen Brief nicht nur für Kranke geschrieben hat. Er ist eine liebevolle Erinnerung, daß wir, wenn es uns gut geht, viel mehr Gott dafür danken. Gott will doch nicht Erfüllungsgehilfe unserer Wünsche oder nur Rettungsanker in Notzeiten sein. Wie können wir erwarten, daß Gott unsere Gebete in Leidenszeiten erhört, wenn wir ihm in guten Tagen nicht immer wieder danken? Nicht ohne Grund ermahnt der Apostel Paulus die Christen: »Sagt in allem Dank, denn dies ist der Wille Gottes in Christus Jesus für euch« (1. Thess. 5,18); und: »Sagt allezeit für alles Gott, dem Vater, Dank im Namen unseres Herrn Jesus Christus!« (Eph. 5,20).

Im zweiten Gedankengang unseres Textes heißt es, daß die Ältesten beten sollen. Scheint es so, daß Gott auf das persönliche Gebet des Kranken und auf die Fürbitte der Gemeinde nicht antwortet und der Zustand des Kranken sich nicht ändert, dann soll der Kranke den Dienst der Ältesten in Anspruch nehmen. Die Ältesten handeln stellvertretend für die Gemeinde. Mit ihnen tritt auf verborgene Weise Jesus selbst an das Krankenbett. Der Apostel zeigt in unserem Textabschnitt eine Verhaltensweise auf, die für ihn selbstverständlich war: »Ist jemand unter euch krank, so rufe er die Ältesten der Gemeinde zu sich.« In dieser Anweisung ist nicht im geringsten die Ablehnung medizinischer Hilfe enthalten, vielmehr wird dort, wo alle ärztliche Kunst versagt, auf eine Möglichkeit hingewiesen. In Jakobus 5,14.15 stehen im griechischen Text zwei verschiedene Worte für »kranksein« – *asthenein* und *kamnein* –, die beide darauf hinweisen, daß es sich um einen Kranken handelt, der sich im Zustand akuter körperlicher Schwäche befindet, der hoffnungslos krank ist, dem menschlich gesehen nur noch das Sterben bleibt.[35] Jakobus setzt voraus, daß der Kranke nicht erst darauf hingewiesen werden muß, sondern diese Hilfe von sich aus in Anspruch nimmt.

Die Gemeindeältesten sind Christen, die im Laufe der Nachfolge Erfahrung und Stetigkeit im Glauben gewonnen haben, vom Vertrauen der Gemeindeglieder getragen werden und denen die Leitung der Gemeinde anvertraut wurde. Auf das Gebet der Ältesten, verbunden mit einem klärenden, seelsorgerlichen Gespräch, in dem auch Sünden bekannt werden können und Vergebung zugesprochen wird, wird Gott mit heilenden Kräften antworten. Das Gespräch mit den Ältesten der Gemeinde, veranlaßt durch eine Krankheit, kann dazu dienen, daß Bereiche unseres Lebens, die bisher noch nicht unter der Kontrolle des Heiligen Geistes standen, in die Hand Jesu gegeben werden. Auf diese Weise kann eine Krankheit zu vermehrter Heiligung des Lebens führen.[36]

»Die Ältesten mögen über ihm beten und ihn mit Öl salben im Namen des Herrn.« Hier wird nicht ausdrücklich von Handauflegung gesprochen, jedoch der griechische Text – *proseuxasthosan ep auton*, »sie sollen über ihm beten« – läßt vermuten, daß dem Kranken beim Gebet die Hände aufgelegt wurden.

Das Gebet der Ältesten soll auch von der Ölsalbung begleitet sein. H. Bräumer versteht den griechischen Text so, daß er in dem »mit Öl salben« eine antike Form medizinischer und pflegerischer Versorgung des Patienten sieht.[37] Ohne Zweifel war Öl ein oft angewandtes Heilmittel, das zum Lindern und Erweichen diente[38], aber sicher nicht bei jeder Erkrankung Anwendung fand. Wir können andererseits jedoch davon ausgehen, daß der Gebrauch des Salböls in alttestamentlicher Zeit bekannt war, und daß deshalb bei der Salbung mit Öl den Beteiligten bewußt war, was diese Handlung im Alten Testament verdeutlichte. Dafür gibt es einige Beispiele:

Jakob nahm den Stein, auf dem er gelegen hatte, als er den Himmel im Traum offen sah, und salbte ihn mit Öl und sagte: »Wird Gott mit mir sein ... so soll der Herr mein

Gott sein. Und dieser Stein, den ich aufgerichtet habe zu einem Steinmal, soll ein Gotteshaus werden; und von allem, was du mir gibst, will ich dir den Zehnten geben.« (1. Mose 28,20-22)

In 2. Mose 40 wird berichtet, daß der Altar und alle Geräte der Stiftshütte mit Öl gesalbt wurden, weil sie ausschließlich dem Dienst für Gott zur Verfügung standen.

Ebenso wird im Alten Testament von der Salbung mit Öl bei Priestern, Königen und Propheten gesprochen, weil ihr Leben ganz im Dienst für Gott in Anspruch genommen wurde. Diese Bedeutung der Salbung liegt sicher unserem Wort zugrunde. In der Salbung mit Öl kommt zum Ausdruck, was P. G. Johanssen treffend formuliert: »Wenn Christus dem Kranken Gesundheit schenkt, dann nicht dazu, daß man sein Leben nach eigenem Gutdünken gestaltet und genießt, sondern damit es mit Leib und Seele ihm zur Verfügung und bewußt und dankbar in seinen Dienst gestellt wird.«[39]

Aus der Erweckungsbewegung in Indonesien gibt es einen Bericht, der die geistliche Zielsetzung der Heilung verdeutlicht: »Während des Gespräches mit einer Mitarbeiterin, einer schlichten Frau, die offensichtlich die Gabe des Heilens und Helfens empfangen hat, überraschte mich die Art, wie sie für die Kranken betete. Sie betete z.B.: »Herr Jesus, heile diese blinden Augen, daß dieser Mann allein den Weg zur Kirche findet!« Oder sie betete: »Herr Jesus, gib dieser Frau das Gehör zurück, damit sie auf dein Wort hören kann!« Ich fragte sie: »Wer hat dich gelehrt, daß physische Heilung immer ein geistliches Ziel hat?« Sie antwortete schlicht: »Der Herr Jesus.«[40]

Es besteht kein Zweifel, daß die Christen, an die der Jakobusbrief zunächst gerichtet war, mit der Symbolsprache des Alten Testaments vertraut waren. Darum brauchte der Apostel ihnen und den Gemeindeältesten die geistliche Bedeutung der Ölsalbung nicht ausführlich zu erläutern. Für sie war die Salbung »geistliche Zeichensprache«, Ausdruck einer inneren Bereitschaft, nicht aber eine magische Handlung, die lediglich auf Geheiß des Apostels unverstanden vollzogen wurde. Hier wurde nicht gehandelt, ohne daß die geistliche Zielsetzung geklärt war.

Das ist sicher wichtig für unsere Praxis heute. Wir finden im Neuen Testament mehrfach Hinweise, daß Leben in der Nachfolge nicht in der Übernahme unverstandener Glaubenswahrheiten besteht (vgl. Matth. 16,5-12; Luk. 12,41; Joh. 13,12; Apg. 8,30.34); gedankenlose Nachahmung von Lebensformen und Verhaltensweisen der ersten Christen darf nicht mit echtem Glaubensgehorsam verwechselt werden. Heute besteht vielleicht in manchen Kreisen die Gefahr, in einem falsch verstandenen »Gehorsam gegenüber dem Wort Gottes« die Salbung mit Öl an einem Kranken auszuführen (ihm Öl auf seine Stirn zu streichen), ohne darüber biblisch begründete Auskunft geben zu können. Auf diese Weise würde die Salbung den Charakter einer magischen Handlung gewinnen. Besteht keine ausreichende Möglichkeit, mit dem Kranken über den biblischen Hintergrund der Salbung und ihre Bedeutung zu sprechen, sollte die Salbung mit Öl wohl besser unterbleiben. Entscheidend ist das Gebet für den Kranken, weshalb der Apostel betont: »Das Gebet des Glaubens wird den Kranken retten ... Viel vermag die Bitte eines Gerechten in ihrer Wirkung.«

»Das Gebet des Glaubens wird den Kranken retten, und der Herr wird ihn aufrichten.« Hier gebraucht der Apostel das griechische Wort *sozein* für retten, das in der Luther-Übersetzung mit »helfen« wiedergegeben wird. Im Neuen Testament liegt die zentrale Bedeutung des Wortes »retten« darin, daß es immer auf Christus bezogen ist und sein Handeln charakterisiert. Es gibt nur einen, der rettet – Jesus Christus. Darin liegt ein absoluter und universaler Anspruch (vgl. Apg. 4,12). Die Rettung umfaßt Vergebung der

Sünden und Gemeinschaft mit Gott als gegenwärtige Wirklichkeit, die Errettung vor dem kommenden Zorn und Anteil an der göttlichen Herrlichkeit.[41] Das Gebet der Ältesten zielt also nicht zuerst auf die Wiederherstellung der körperlichen Unversehrtheit, sondern auf das ewige Heil des Kranken, die Rettung im Endgericht. Retten ist etwas anderes als heilen. Es bedeutet in unserem Text, daß der Kranke in Jesu Hand bleibt.

In die gleiche Richtung weist uns der Schluß des Satzes ». . . und der Herr wird ihn aufrichten«. Wo das Wort »aufrichten« in der griechischen Übersetzung des Alten Testamentes gebraucht wird, hat es meist den Sinn von »ermutigen, stärken« (Dan. 8,18; ähnlich Richt. 2,16.18). In den Evangelien beschreibt es das Handeln Jesu in der Erweckung Toter zum Leben; die Apostel benutzen das Wort, wenn sie von der Auferstehung Jesu und der endzeitlichen Auferweckung der Toten sprechen. Der Blick geht bereits über das irdische Ende hinaus auf die neue Existenzweise in Unvergänglichkeit, Herrlichkeit und Kraft (1. Kor. 15,42). »Aufrichten« heißt in unserem Wort: Gott selber wird den Kranken durch das ihm zugesprochene Wort trösten und ihm neuen Mut geben. Durch Gott »aufgerichtet werden« wird von den Betroffenen unterschiedlich erfahren: Bei dem einem kommt die Krankheit zum Stillstand, einem anderen schenkt Gott neue Kräfte zur Genesung, der Krankheitszustand bessert sich. Wieder ein anderer wird erleben, daß Gott ihm die Gesundung gewährt, Gott heilt ihn von seiner Krankheit. Menschen, denen Gott diese Hilfe versagt, werden dennoch von Gott »aufgerichtet«: Sie empfangen die Kraft, mit der Krankheit zu leben, und andere werden durch das Gebet zum Sterben gesegnet, mit geistlicher Kraft für die letzte Wegstrecke ausgerüstet. In jedem Fall sollte uns beim Gebet die Bitte leiten: »Herr, mache es so mit mir, wie es nach deinem Ratschluß für mich das Beste ist« (Röm. 8,28).

Erst hat der Apostel Jakobus sich an den einzelnen Christen gewandt, der im Leiden steht – er soll beten. Dann fordert er die Ältesten zum Gebet für die Kranken auf. Schließlich wendet er sich an alle Glaubenden. Die Gemeindeglieder sollen füreinander in Beichte und Fürbitte Verantwortung übernehmen.

Beim Hinweis auf den Krankenbesuch der Ältesten hat der Apostel eine Einschränkung gemacht: »*Wenn* der Kranke Sünden begangen hat ...« Er weist damit die Vorstellung zurück, als müsse jede Erkrankung ihre Ursache in einer konkreten Sünde des Kranken haben. Damit mahnt er auch die Ältesten zu geistlicher Weisheit und Behutsamkeit im Gespräch mit dem Leidenden.

In der dritten Anweisung zum Gebet weitet der Apostel die Verantwortung der Gemeindeglieder füreinander aus. Vorher hatte er gesagt: »Wir verfehlen uns alle mannigfaltig« (Jak. 3,2). Jetzt mahnt er: »Bekennt nun einander die Vergehungen und betet füreinander, damit ihr geheilt werdet« (Jak. 5,16). Beichte heißt: »Der schuldig Gewordene berichtet von seiner Schuldverflechtung. Er nennt seine Sünden beim Namen. Bekenntnis der Sünden hat das Ziel, Jesus in die Vergangenheit mitzunehmen.«[42] Im anschließenden gemeinsamen Gebet geht es vor allem um Vergebung, um ein Gesundwerden des inneren Menschen, ein Heilwerden von Herz und Gewissen (griech. *iaomai*), daß ein Mensch von den Folgen seiner Sünde wiederhergestellt wird.

Es mag sehr menschlich gedacht erscheinen: Aber würden wir nicht mehr Heilungen durch Gottes unmittelbares Eingreifen erfahren und würde auf der ärztlichen und pflegerischen Tätigkeit einzelner Christen nicht mehr Segen liegen, wenn in den verschiedenen christlichen Kreisen intensivere Fürbitte für die Kranken geleistet und ernsthaft für ihre Heilung gebetet würde? Natürlich kann nur dann ein Gemeindeglied die Gemeinde zur Fürbitte aufrufen, wenn es selber in einem ungebrochenen Verhältnis zur Gemeinde steht, sich nicht nur als »Randsiedler« je und dann einmal im Gottesdienst sehen läßt, sondern engagiert mit der Gemeinde lebt. In dieser Hinsicht kann eine Krankheitszeit eine Gelegenheit Gottes für einen Menschen sein, daß er sein Verhältnis zur Gemeinde der Gläubigen am Ort, wo er lebt, überprüft und in Ordnung bringt.

Alle sollen anhaltend beten, der einzelne Christ im Leiden, die Ältesten und die Gemeindeglieder füreinander – wie der Prophet Elia. Der Hinweis auf das Gebet des Elia legt den Gedanken nahe, daß Christen wiederholt mit der gleichen Bitte zu Gott kommen dürfen, daß auch die Ältesten das Gebet mit Handauflegung unter Umständen mehrfach wiederholen sollen, wie Elia auf dem Karmel siebenmal betete, bis sich die erste Regenwolke zeigte (1. Kön. 18,42-45).

In unserem Text wird ausdrücklich vom »Gebet des Glaubens« gesprochen (vgl. 1. Kor. 12,9); das könnte ein Hinweis darauf sein, daß die Ältesten erst auf besondere Weisung des Heiligen Geistes um Heilung des Kranken beten sollen, wie auch Elia vor seinem Gebet ein Wort Gottes empfing, das ihn zum Gebet bevollmächtigte (1. Kön. 17,1-2; 18,1). Die Anweisung des Jakobus ist getragen von der Gewißheit, daß Gott auf Gebet anwortet. *Wie* Gott darauf antworten wird, dürfen wir ihm in unseren Gebeten nicht vorschreiben wollen.

6. Der Sinn von Krankheit und Leiden

Das Neue Testament deutet eine sechsfache Antwort auf die Frage nach dem Sinn von Krankheit und Leiden an, wobei auch das alttestamentliche Zeugnis des leidenden Hiob mit einbezogen werden muß, dessen Geduld in Jakobus 5,11 als vorbildlich herausgestellt wird.

1. Es gibt Krankheiten als Strafleiden, als *Folge der Sünde* (also selbstverschuldete Krankheiten). Das wird in der Mahnung Jesu an den Geheilten in Johannes 5,14 (ohne daß uns Einzelheiten mitgeteilt werden) deutlich: »Siehe, du bist gesund geworden; sündige nicht mehr, damit dir nicht etwas Schlimmeres widerfährt!« Der gleiche Sachverhalt liegt in den Worten Psalm 107,17-20 vor: »Die krank waren infolge ihres Sündenlebens und wegen ihrer Verfehlungen leiden mußten – vor jeglicher Speise hatten sie Widerwillen, so daß sie den Pforten des Todes nahe waren –; da schrieen sie zum Herrn in ihrer Not, und er rettete sie aus ihren Ängsten; er sandte sein Wort, sie gesund zu machen ...« Umgekehrt schließt das Wort Jesu bei der Heilung des Blindgeborenen (Joh. 9,1-3) aus, daß man jede Krankheit als Folge einer Sünde ansehen dürfe.

2. Der Sinn der Krankheit im Leben des Gläubigen kann die *Läuterung des Glaubens* sein. So heißt es im 1. Petrusbrief: Durch Leiden »soll sich die Echtheit eures Glaubens bewähren und wertvoller erfunden werden als das Gold, das vergänglich ist, aber durch Feuer in seiner Echtheit erprobt wird« (1. Petr. 1,7). Menschlicher Eifer und natürliche Selbstsicherheit zerbrechen im Leiden; nur aus dem durch den Heiligen Geist gewirkten Glauben erwächst die nötige geistliche Kraft, die Krankheit *aus Gottes Hand anzunehmen*. Im religiösen Denken der Naturvölker sind es immer Geister und Dämonen, die Gesundheit und Leben bedrohen. »Ein Heide könnte das nie so sehen: daß näm-

lich auch Krankheit ihren gottgegebenen Sinn haben kann, daß auch hinter körperlichem Leiden ein Gott der Liebe steht.«[43]

In diesem Zusammenhang ist auch der Satz 1. Petrus 4,1 wichtig, in dem gesagt wird: »Wer am Fleisch gelitten hat, der ist zur Ruhe gekommen von der Sünde.« Leiden sind kein Weg zur Sündlosigkeit, aber sie wirken im Leben des Gläubigen eine Distanz gegenüber der Sünde, sie können der Selbstprüfung dienen und die Gedanken und Motive unseres Handelns ins Licht Gottes rücken. So können Leiden auch eine bewahrende Funktion ausüben, wie Paulus in 2. Korinther 12,7-10 schreibt: »Damit ich mich der außerordentlichen Größe der Offenbarungen nicht überhebe, ist mir ein Dorn ins Fleisch gegeben worden, ein Engel Satans, der mich mit Fäusten schlagen muß . . .!« Der Apostel Paulus hat in der Nachfolge des Jesus Christus außerordentliche Glaubenserfahrungen gemacht, und er wußte um die Gefahr, daß man sich auch als bewährter Christ aufgrund besonderer Segnungen über andere erheben könnte. Ihm dient das Leiden zur Läuterung und Bewahrung.

3. Ohne daß wir im konkreten Fall jedesmal eine scharfe Trennungslinie zwischen den verschiedenen Sinngebungen der Krankheit ziehen könnten, dürfen wir im Sinne von 1. Petrus 1,6-9 und 4,12-14 auch von *Bewährungsleiden* sprechen. Sie sollen dazu helfen, daß ein Mensch es lernt, sich demütig der gewaltigen Hand Gottes anzuvertrauen. Hier gilt Hiob als Leitbild: Er hatte keine Antwort auf die Frage, warum er die schwere Krankheit erdulden müsse. Die Antworten seiner Freunde waren weder richtig noch hilfreich, wie Gott selber sagte: »Ihr habt nicht recht von mir geredet« (Hiob 42,7). Gott hat ihn durch das dunkle Tal gehen lassen und ihm erst später gezeigt, daß seinem Leidensweg eine Vorentscheidung in der himmlischen Welt im Gespräch zwischen Gott und dem Satan vorausgegangen war. Wir wissen, daß die geistliche Dunkelheit auf dem Leidens-

weg des Hiob so groß wurde, daß er Gott anklagte. Gott hat in seiner wunderbaren Güte Hiob nicht fallenlassen. Die Bibel macht deutlich, daß Gott Krankheiten in das Leben seiner Kinder hineinlegen kann, die den Gläubigen in eine Art Zerreißprobe führen, die bis an die äußerste Grenze des Ertragbaren geht. Der Leidensweg des Hiob veranschaulicht das Wort Jesu: »Was ich tue, verstehst du jetzt noch nicht, du wirst es aber nachher verstehen« (Joh. 13,7).

4. Das Neue Testament macht deutlich, daß die gegenwärtige Zeit auch für die Christen noch durch Vergänglichkeit, Krankheit und Tod gekennzeichnet ist (1. Kor. 15,42-43). Heilungen geschehen – als Wunder Gottes; sie sind Vorboten einer neuen Schöpfung. Aber erst dann, wenn Gott einen neuen Himmel und eine neue Erde geschaffen haben wird, wird sich erfüllen: »Gott wird alle Tränen von ihren Augen abwischen, und der Tod wird nicht mehr sein, und kein Leid, noch Wehklagen, noch Schmerz wird mehr sein, denn das Erste ist vergangen« (Offb. 21,4). Krankheit im Leben des Gläubigen soll seinen *Blick auf die kommende Herrlichkeit Gottes* richten und ihm helfen, sich ganz bewußt an die Zusagen des prophetischen Wortes zu halten.

5. Der Apostel Paulus spricht von der Herrlichkeit der Erlösung, die dem Glaubenden durch Jesus Christus geschenkt ist. Diese Wirklichkeit hat ein solches Gewicht, daß ihr gegenüber alle Leiden geringfügig erscheinen. So kann er in Römer 8,18 schreiben: »Ich bin überzeugt: Die künftige Herrlichkeit, die Gott für uns bereithält, ist so groß, daß alles, was wir jetzt leiden müssen, in gar keinem Verhältnis dazu steht.« Aber das, was er im folgenden Satz schreibt, zeigt, daß er bei den Leiden nicht etwa nur an Verfolgungen und Leiden um des Glaubens willen denkt – alle körperliche Not, Leiden in jeder Gestalt, auch Krankheiten sind mit einbezogen. Er fährt fort: »Die sehnsüchtige Erwartung der Schöpfung richtet sich auf das Offenbarwerden der Söhne Gottes ... Die Schöpfung ist der Hinfällig-

keit unterworfen ... Die ganze Schöpfung seufzt und ängstigt sich bis jetzt ... Aber nicht nur das, sondern auch wir selbst, die wir die Erstlingsgabe des Geistes haben, auch wir seufzen in uns selbst und warten auf die völlige Offenbarung der Annahme an Sohnes Statt, auf die Erlösung unseres Leibes« (Röm. 8,19-23). Das griechische Wort für »Schöpfung« umfaßt gewiß alles, was Gott geschaffen hat, bezieht sich aber zuerst auf den Menschen als Geschöpf Gottes (vgl. Mark. 16,15; 2. Kor. 5,17). Die ganze Menschheit – als gefallene Menschheit – leidet an Not und Krankheiten, Kriegen und Naturkatastrophen, die unsägliches Leid verursachen. Gott hat seinen Kindern keinen Sonderstatus eingeräumt. Auch der Christ ist in seiner menschlichen Existenz der Anfälligkeit und Vergänglichkeit preisgegeben. Der Glaube an Jesus Christus schützt nicht vor Katastrophen und bewahrt nicht vor einer schweren, qualvollen Krankheit. Jesus Christus läßt uns als Erlöste »eingebunden« in diese irdische Schöpfung, wir bleiben auch als Kinder Gottes mit unserer ganzen Leiblichkeit Teil der gefallenen Welt und leben noch nicht im Himmel. So erinnert uns jede Krankheit daran, daß Gott uns noch nicht aus der Situation der gefallenen Schöpfung herausgenommen hat; wir sind noch nicht am Ziel; wir bleiben auch als Kinder Gottes *abhängig von seiner Gnade*. Krankheit kann uns dazu dienen, uns in Demut unserer Abhängigkeit von Gott neu bewußt zu werden.

6. Wir haben bisher versucht, uns den Sinn von Krankheit und Leiden bewußt zu machen, wie der Glaubende ihn im Wort Gottes aufzuspüren vermag. Es sollte noch ein Wort hinzugefügt werden, welche Bedeutung Krankheit im Leben eines Menschen hat, der der Bibel und dem Glauben an Jesus Christus noch fern steht. Krankheit hat immer Aufforderungscharakter, ist *ein Anruf Gottes* an unser Leben. Das gilt grundsätzlich immer und für alle Menschen, Glaubende und Nichtchristen. Aber ein Mensch, der Chri-

stus noch nicht nachfolgt, wird zunächst nur diesen Sinn seiner Krankheit erfassen können. Es mag sein, daß ein Mensch lange Zeit Gott ausgewichen ist, gleichgültig an ihm vorbeigelebt hat. Weil er in seinem äußeren Wohlbefinden nicht erkannt hat, »daß Gottes *Güte* ihn zur Umkehr leiten möchte« (Röm. 2,4), wirft Gott ihn durch eine Krankheit aus der gewohnten Bahn, um ihn dadurch zu hindern, seinen verkehrten Weg weiterzugehen. Gerade diese Bedeutung der Krankheit hebt Elihu in seinen Reden im Buch Hiob hervor. »Gott warnt den Menschen durch Schmerzen auf seinem Bett und durch heftigen Kampf in seinen Gliedern ... so nähert sich sein Leben den Toten ... Siehe, das alles tut Gott zwei- oder dreimal mit einem jeden, daß er sein Leben zurückhole von den Toten und erleuchte ihn mit dem Licht der Lebendigen« (Hiob 33,19.22.29f). Und er sagt es noch deutlicher: »Gott öffnet dem Menschen das Ohr durch Leiden«! Aber nun eben nicht, um den Menschen das richterliche Urteil Gottes hören zu lassen, sondern die Einladung zu vernehmen, die die Menschen zurück in das verlorene Vaterhaus ruft. Darum fügt Elihu die Verheißung hinzu: »So reißt er auch dich aus dem Rachen der Angst in einen weiten Raum, wo keine Bedrängnis mehr ist!« (Hiob 36,15-16)

Es wird sicher nur selten möglich sein, bei einer langwierigen und schmerzhaften schweren Erkrankung gleich den Sinn der Krankheit für unser Leben zu entdecken. Das gilt für den Betroffenen ebenso wie für den, der den Patienten über längere Zeit begleitet. Aber es kann sein, daß wir, »wenn alles vorüber ist, später einmal im nachhinein die Zeit unserer Krankheit in einem neuen Licht sehen. Es kann sein, daß wir erkennen, daß die Krise eine bestimmte Bedeutung für unser Leben gehabt hat, einen tiefen Sinn. In der Rückschau war es – trotz allem, keine verlorene, sondern eine heilsame Zeit.«[44] Die am eigenen Leib durchlebte und erlittene Krankheit – etwa ein Krankenhausaufenthalt mit einer großen Operation – gibt uns neue Einsichten; sie vermittelt die Erfahrungen von Ausgeliefertsein und Geborgenheit, Schmerz und Schmerzlinderung, vom Versuch, die Selbständigkeit wiederzugewinnen – und sie wirkt Verständnis und Barmherzigkeit für Leidende.

7. Heilung und Heil des Menschen

Am Anfang unserer Überlegungen hatten wir darauf hingewiesen, daß Christen und christliche Gruppen, die die Heilung jeder Krankheit im Leben eines Gläubigen erwarten oder sogar als Ausdruck echten Glaubens fordern, sich immer wieder auf die Bibelstelle Jesaja 53,4 und Hebräer 13,8 berufen. Weil Christus nicht nur unsere Sünde, sondern auch unsere Krankheit getragen habe und als auferstandener Herr für alle Ewigkeit unwandelbar gleich bleibe, dürften wir auch heute in jedem Fall mit seinem heilenden Handeln rechnen. Wir tasten bei unserer Argumentation die unbedingte Zuverlässigkeit der biblischen Aussagen nicht an; wir meinen aber, daß es unzulässig sei, einzelne Bibelverse aus dem theologischen Kontext und dem heilsgeschichtlichen Zusammenhang herauszureißen. Die Heilungen, von denen das Neue Testament berichtet, sind Zeichen des Einbruches der neuen Welt Gottes, sie tragen Signalcharakter, weisen auf die noch ausstehende Vollendung hin. Wir leben in der Spannung zwischen dem ersten und dem zweiten Kommen Jesu. Jesus hat durch Kreuzestod und Auferstehung die Macht der Sünde gebrochen und uns vom ewigen Tod erlöst. Wir können völlige Vergebung empfangen. In der Auferstehung hat er auch die Macht des Todes gebrochen (Hebr. 2,14), aber noch nicht den Tod aufgehoben. Jede Krankheit – je älter der Mensch wird, um so bewußter kann es ihm werden – ist Vorbote des Sterbens. Krankheit und Tod werden erst nach der Wiederkunft Jesu, dem Tausendjährigen Reich und dem Endgericht bei der Neuschöpfung von Himmel und Erde aufgehoben. In Offenbarung 21,1-5 heißt es: »Ich sah einen neuen Himmel und eine neue Erde; denn der erste Himmel und die erste Erde sind vergangen ... Und ich hörte eine machtvolle Stimme vom Thron her sagen: Siehe, die Hütte

Gottes bei den Menschen, und er wird bei ihnen wohnen ... Und er wird alle Tränen abwischen von ihren Augen, und der Tod wird nicht mehr sein, noch Leid noch Wehklagen, noch Schmerz wird mehr sein ... Und der auf dem Thron saß, sprach: Siehe, ich mache alles neu!«

Das bedeutet für uns, daß wir die im Horizont der Bibel angedeutete Fülle des Lebens heute – im gegenwärtigen Abschnitt der Heilsgeschichte Gottes – noch nicht völlig ausschöpfen können. Gott wird die Zeit heraufführen, in der alle körperlichen Belastungen, Krankheiten und Sterben von uns genommen sein werden. Es wäre Schwärmerei, wenn wir als Gläubige heute das schon vorwegnehmen wollten, was Gott für einen späteren Zeitpunkt vorbehalten hat.

Darum sind bei vielen enthusiastischen Heilungsberichten die Bedenken berechtigt, die der Arzt und Seelsorger Paul Tournier anmeldet[45]: »Ein schwerer Zweifel besteht bei uns Ärzten über gewisse Erzählungen von Wunderheilungen: Manchmal vermuten wir einen diagnostischen Irrtum, dann wieder sehen wir einen Kranken, der sich als geheilt ausgibt, während wir keine wirkliche Heilung sehen; übrigens zweifelt er vielleicht selbst daran, ohne es sich einzugestehen, und hat nun das Bedürfnis, seine Heilung besonders zu betonen, um sich wirklich davon zu überzeugen; und schließlich scheint es uns oft auch, daß bei dieser oder jener Heilung mehr magisches Denken als echter Glaube im Spiele sei.«

In unserer Generation wird von verschiedenen christlichen Gruppen der Ruf nach Heilung in unbiblischer Weise in den Vordergrund gerückt. Hier wird man einmal kritisch nach den Motiven fragen müssen. Ist die Betonung körperlicher Heilung als Folge rechter Evangeliumsverkündigung und rechten Glaubens nur aus der Sehnsucht nach vermehrter geistlicher Vollmacht geboren? Oder entspringt die enge Verknüpfung von Glaube und leiblichem Wohlergehen anderen als biblischen Motiven, nämlich einer grundsätzlichen Ablehnung von Krankheit und Tod? Wir beobachten doch, daß breite Schichten der Industriegesellschaft zunehmend unwillig und unfähig werden, Leiden anzunehmen und zu verarbeiten. »Unsere Leidensfähigkeit nimmt ab, je mehr Betäubungsmittel wir dagegen entwickeln.«[46] Ulrich Eibach hat in seiner Untersuchung »Der verdrängte Tod« festgestellt: »Schmerz- und Leidensfreiheit sind hohe Ideale der Leistungsgesellschaft, denn Schmerz und Leid stören den reibungslosen Ablauf gesellschaftlichen Funktionierens und mindern den persönlichen Erfolg und Genuß. Das Ziel, dem die gesellschaftliche Entwicklung zusteuert, ist die Arbeits- und Genußfähigkeit.«[47]

Als Christen sollten wir solche Entwicklungen aufmerksam und kritisch beobachten, um ihnen nicht unbemerkt selber zu verfallen. Für die Bibel sind Gesundheit und Wohlergehen, Arbeits- und Genußfähigkeit nicht höchste Werte. Dem Leiden um jeden Preis auszuweichen, ist kein erstrebenswertes Ziel. Nur wer in Tagen der Krankheit bereit ist, das Leiden aus Gottes Hand anzunehmen, darf auch getrost um Heilung beten.

Auf die Fragen, die uns hier beschäftigen, hat Elias Schrenk (1831-1913) in den »Seelsorgerlichen Briefen für allerlei Leute« eine hilfreiche Antwort gegeben: »Ich glaube entschieden, wir wären weiter in der Erkenntnis und Erfahrung der Heilung durch den Glauben, wenn nicht so viel Unreifes darüber geschrieben worden wäre. Es haben Leute darüber geschrieben, die keine Berufung hierzu hatten, weil sie rein keine Erfahrung in der Sache hatten. Andere haben so überspannt über die Heilung durch den Glauben geredet, daß sie jammervolle Verwirrung anrichteten. Sie meinten, es handle sich nur um den Glauben, und wenn dieser da sei, so könne man jedermann gesundbeten. Wieder andere haben behauptet, wenn der Kranke sich von jeder erkannten Sünde lossage, so müsse er gesund werden, und wenn jemand richtig zum Herrn stehe, so werde er nicht krank. Das sind lauter Überspanntheiten, die viele Gewissen verwirrt und manche arme Kranke unnötig gequält haben.

Gegenüber solchen Behauptungen möchte ich sagen: Unser Gott ist unumschränkt; in vielen Fällen hatte ich Gebetserhörungen, in anderen hatte ich sie nicht, konnte aber den Grund der Nichterhörung nicht angeben. Die wohlfeile Erklärung, es fehle in letzterem Fall den Kranken am Glauben, möchte ich mir nicht in allen Fällen aneignen.

Ich finde es gegenüber den Kranken grausam, wenn man an sie die Forderung stellt, durch ihren Glauben sollten sie die Gabe der Heilung ersetzen. Wer nicht sagen kann: ›Im Namen Jesu, stehe auf und wandle!‹, der hat auch kein Recht, dem Kranken zu sagen: ›Wenn du glaubst, so kannst du aufstehen und wandeln!‹ Soviel sollte jedem erfahrenen Seelsorger klar sein: Krankheiten haben in sehr vielen Fällen erzieherischen Zweck. Ist dieser Satz richtig, so wird auch der andere richtig sein: Gott wird ein Leiden nicht wegnehmen, ehe es Seinen Zweck bei dem Kranken erreicht hat; vorher können wir die Heilung gar nicht wünschen.

Zum Schluß möchte ich noch einem Irrtum begegnen. Nach Jesaja 53,4.5 und Matthäus 8,17 hat der Herr uns am Kreuze das Gnadenrecht erworben, daß wir auch um Heilung von leiblicher Krankheit bitten dürfen. Es wäre aber bedenklich zu behaupten: Wie Er uns am Kreuze Vergebung der Sünden erworben hat, so hat Er uns auch Heilung von aller leiblichen Krankheit erworben. Vergebung der Sünden ist unbedingte Notwendigkeit; Heilung von leiblicher Krankheit ist keine Notwendigkeit, sonst müßte der Tod beseitigt werden. Alle, die versucht haben, aufgrund der zwei genannten Stellen Heilung von aller Krankheit zu lehren, sind zuschanden geworden. Bitte ich Gott um Vergebung der Sünden, so brauche ich nicht hinzuzufügen: ›Wenn es dein Wille ist‹; ich darf sie im Glauben annehmen. Bitte ich aber um Heilung des Leibes, so darf der Zusatz nicht fehlen: ›Wenn es dein Wille ist!‹ Wir müssen kindlichen Glauben und Ergebung in den Willen Gottes vereinigen.

Wenn es Gottes Wille ist, daß eines seiner Kinder ihn im Leiden verherrliche, wer will es ihm wehren? Gläubiges Gebet ist nicht eine Kanonade, durch die man Gott zur Kapitulation zwingt, sondern das Bitten des Tiefgebeugten, der seinem Gott alles zutraut, aber auch alles hinzunehmen bereit ist, was seine Hand gibt.«[48]

Gebete, in denen man seinen eigenen Willen durchsetzen will, bringen Leid über uns (Ps. 106,14f). Wohin es führt, wenn man in Tagen der Krankheit Gott im Gebet etwas abtrotzen will, wenn man nicht dabei sagt: »Dein Wille geschehe«, zeigt uns das Verhalten und die geistliche Entwicklung des Königs Hiskia von Juda. In einem kurzen Bericht über ihn lesen wir: »Hiskia wurde todkrank; und er betete zum Herrn. Der redete mit ihm und tat an ihm ein Wunder. Aber Hiskia vergalt nicht die Wohltat, die an ihm geschehen war, denn sein Herz wurde hochmütig« (2. Chron. 32,24f). Hiskia war todkrank, und der Prophet Jesaja erhielt von Gott den Auftrag, dem Kranken zu sagen: »Bestelle dein Haus, denn du wirst sterben« (Jes. 38,1ff).

Im Bericht heißt es weiter: »Da wandte Hiskia sein Angesicht zur Wand und betete zum Herrn; und er weinte sehr.« Wir können daraus schließen, daß er sich nicht unter den Willen Gottes beugte. Gottes Antwort lautete: »Ich will deinen Tagen noch fünfzehn Jahre zulegen.« Am Beginn der Regierungszeit Hiskias heißt es: »Er tat, was gut, recht und wahrhaftig war vor dem Herrn, seinem Gott. Und alles, was er anfing für den Dienst des Hauses Gottes nach dem Gesetz und Gebot, seinen Gott zu suchen, tat er von ganzem Herzen, und es gelang ihm« (2. Chron. 31,20f).

Nach der wunderbaren Genesung und Heilung aber »wurde sein Herz hochmütig«. Der babylonische Freiheitskämpfer Merodach-Baladan schickte Hiskia eine Glückwunschbotschaft zur Genesung. Gott prüfte ihn dadurch, »damit kund würde alles, was in seinem Herzen war« (2. Chron. 32,31). Hiskia fühlte sich geehrt, »er freute sich über die Boten« und gab ihnen Einblick in seine Finanzpolitik und sein Rüstungspotential, er zeigte ihnen sein Schatzhaus und sein Zeughaus (2. Kön. 20,12ff). Als ihm Jesaja daraufhin Gottes Gericht ankündigt: »Es kommt die Zeit, daß alles nach Babel weggeführt werden wird, was in deinem Hause ist«, denkt er nur an sich und seine Zeit, weist aber jede Verantwortung für die Zukunft von sich: »Hiskia sprach zu Jesaja: Das Wort des Herrn ist gut, das du sagst. Denn er dachte: Es wird doch Friede und Sicherheit sein, solange ich lebe« (Jes. 39,8). Als Hiskia nach Ablauf der fünfzehn Jahre starb, war sein Sohn Manasse zwölf Jahre alt. Er wäre demnach nicht geboren worden, wenn Hiskia fünfzehn Jahre früher gestorben wäre. Wieviel Leid und Verführung zur Gottlosigkeit wäre dem Reich Juda erspart geblieben. Manasse hat sich später so verhalten, daß Gott dem Propheten Jeremia sagt: »Und wenn auch Mose und Samuel vor mir stünden, so habe ich doch kein Herz für dies Volk ... Ich will sie zu einem Bild des Entsetzens machen für alle Königreiche auf Erden um Manasses willen, des Sohnes Hiskias, des Königs von Juda, für alles, was er in Jerusalem begangen hat« (Jer. 15,1.4).

Alles bisher Gesagte hebt nicht die Frage auf: Sind im Raum der Christusgemeinde nicht Gaben vernachlässigt worden und Möglichkeiten ungenützt geblieben, die Gelegenheiten zur Verherrlichung Gottes gewesen wären?[49] Wenn immer wieder einzelne Christen zu organisierten »Heilungsversammlungen« gehen, um dort Hilfe zu suchen, dann entspricht diese Verhaltensweise nicht dem Neuen Testament, weist aber zumeist auf einen Mangel in den Gemeinden hin. Die wirksamste Korrektur für falsches Verhalten einzelner Christen im Blick auf Glaubensheilungen besteht darin, daß in den Gemeinden Glaubensgehorsam praktiziert und vermehrt um Heilung der Kranken gebetet wird. Lebendige Gemeinden sollten mehr denn je bereit sein, nach dem Wort des Herrn zu handeln und Heilungen von Gott zu erwarten. In der Praxis des Gemeindedienstes habe ich mehrfach Heilungen seelisch und körperlich Kranker miterlebt, bei denen Ärzte an der Grenze ihrer medikamentösen oder operativen Möglichkeiten standen. Ich habe Missionare in Brasilien besucht, die kurz zuvor auf einem Treffen Gottes besondere Hilfe erfahren hatten. Sie haben darüber berichtet: »Im Anschluß an jedes Bibelstudium vereinigten wir uns zum Gebet. Dabei kam es am Sonntagmorgen zu einem besonderen Erlebnis. Einer der Teilnehmer war schon länger krank und befand sich fast dauernd in ärztlicher Behandlung. Während des Gebetes wurde es ihm klar, um ein besonderes Gebet um seinetwillen zu bitten. Wir spürten, daß wir dieser Bitte entsprechen sollten. Drei Brüder legten ihm die Hände auf und beteten für ihn zum Herrn. Alle Teilnehmer empfanden die Gegenwart Jesu und waren sichtlich bewegt. Gott erhörte das Gebet, und unser Bruder wurde geheilt.«

Solches Erleben gehört nicht zum Alltäglichen der Gemeindepraxis und der Missionsarbeit. Wir können daraus keine verallgemeinernden Schlußfolgerungen ziehen. Wir dürfen solche Erfahrungen auch nicht unbedacht weitergeben, da der Blick des Christen auf Jesus Christus gerichtet bleiben soll, aber nicht auf die körperliche Heilung fixiert werden darf. Darum sollte man das Wort von Paul Tournier sorgfältig bedenken: »Es gibt göttliche Heilungen; es gibt Wunderheilungen; es gibt Gebets- und Glaubensheilungen. Die Menschen, welche diese Erfahrung machten oder als Zeuge dabei waren, müssen davon sprechen, zum Ruhme Gottes und um die Hoffnung der Kranken zu stärken.

Aber bei solchen Zeugnissen überschreitet man die Wahrheitsgrenze schnell; man verallgemeinert, wie wenn Gott alle heilen würde, die ihn anrufen; man erweckt bei all denen ein Schuldgefühl, die Hilfe bei der Schulmedizin suchen oder Medikamente einnehmen – wie wenn das alles nicht auch Geschenke Gottes wären.«[50] Zu aller Kühnheit des Glaubens gehört auch die Demut und Bescheidenheit, in der wir Gott für sein Helfen nicht Ziel, Zeit, Maß oder Grenze setzen, sondern bereit sind, ihm zu vertrauen, auch wenn es zum Sterben geht.

8. Vom Umgang mit der Krankheit

Wenn auch die letzte Ursache aller Krankheiten und Leiden in der Loslösung des Menschen von Gott zu suchen ist, wir also von einem schuldhaften Ursprung reden müssen, so haben Krankheiten doch oft einen positiven Sinn im menschlichen Leben, auch im Leben der Gläubigen.

Manchmal verfolgt Gott mit der Krankheit ein bestimmtes Ziel – mag es uns auch lange Zeit verborgen sein. Wenn wir einmal krank werden und nicht wissen, warum – Gott weiß es!

Krankheit soll im Leben des Christen nicht zuerst ein Störfaktor sein, der unseren Terminkalender durcheinanderbringt. Es kann sein, daß Gott uns auf diese Weise Gelegenheit geben will, Zeit zur Gemeinschaft mit ihm zu haben. Daß unsere Arbeit wichtig ist, weiß Gott, und doch will er, daß wir Zeit für ihn haben. Jesus Christus setzt die Rangordnung der Werte, und oft hilft uns erst eine Krankheit dazu, Geduld zu lernen und uns in der Gelassenheit und Sorglosigkeit zu üben, von der Jesus in der Bergpredigt (Matth. 6,31-33) gesprochen hat: »Ihr sollt euch nicht sorgen und sagen: Was werden wir essen oder was werden wir trinken oder womit werden wir uns kleiden? ... Euer himmlischer Vater weiß, daß ihr all dieser Dinge bedürft. Sucht vielmehr zuerst sein Reich und seine Gerechtigkeit! Dann werden euch alle diese Dinge hinzugegeben werden.«

Dem bekannten Dichter der Romantik Novalis (Friedrich von Hardenberg 1772-1801)[51] wird der Satz zugeschrieben: »Krankheiten, besonders langwierige, sind Lehrjahre der Lebenskunst und der Gemütsbildung.«

Für manchen Christen ist die Zeit einer längeren Krankheit die Vorbereitung für neue Aufgaben geworden, die Gott für ihn bereithielt. Vielfach haben sich Christen im Rückblick auf eine durchgestandene Leidenszeit etwa so geäußert: »Ich möchte diese Zeit des Krankseins in meinem Leben nicht missen.«

Die Heilung oder Nichtheilung eines Kranken ist kein Maßstab zur Beurteilung seines Glaubens. Es kann Situationen im Leben eines Menschen geben – auch die Situation einer Krankheit –, die Gott nicht verändern möchte. Wir werden durch Jesus ermutigt, zu bitten, aber wir müssen uns vor der Versuchung hüten, ihn heimlich mit unseren Gebeten zwingen zu wollen.

Schließlich sollten wir nicht vergessen, daß Leiden und Gar-nichts-tun-Können auch ein Auftrag Gottes sein kann. Für viele Menschen sind langdauernde Krankheiten und lebenslängliche Behinderungen zur Schule des Gebets und der Fürbitte geworden. Es kann sein, daß die Art, wie ein Christ sein Leiden bewältigt, zu einem wirksameren Zeugnis für seine Umwelt wird als eine spontane Heilung, in der Gott ihn von seinem Leiden befreien könnte. Man kann krank sein und doch anderen zum Segen werden.

Wie sollen wir uns nun verhalten, wenn wir selber plötzlich von einer Krankheit – vielleicht auch von einer langwierigen und schmerzhaften Krankheit – betroffen werden? Folgen wir den biblischen Anweisungen, so sollten wir *zuerst beten*. Wir dürfen Gott unsere Betroffenheit und Not sagen. Aber wir fragen auch im Gebet: »Herr, was willst du mir durch diese Krankheit sagen?«

Eine Krankheitszeit will für uns auch Zeit der Stille, Zeit für Gottes Wort sein, Zeit zum inneren Hören. Gebet ist nicht nur Reden mit Gott, zum Gebet gehört auch Schweigen und Hören. Wie Gott »unsere Gedanken von ferne versteht« (Ps. 139,2), so wird er auch in der Stille unsere Gedanken auf das lenken, was ihm wichtig ist.

Wir dürfen Jesus Christus um Heilung bitten. Jesus kann hier und jetzt heilen, aber wir können nicht darüber verfügen – auch nicht durch Glauben und Gebet. Wenn Gott nicht mit Genesung und Heilung auf unser Gebet antwortet, kann sich auch bei uns quälend und bohrend die Frage nach dem »Warum« einstellen – so wie bei Hiob.

Wichtig ist hier zu bedenken, daß Gott dem Hiob seine Klagen und Anklagen und die Frage nach dem »Warum« nicht kategorisch verboten hat; diese Frage blieb offen. Aber Gott hat zu Hiob gesprochen und ihn dadurch seine Nähe erfahren lassen. Auch da hat Hiob keine Antwort auf die Frage nach dem »Warum« bekommen – aber er brauchte sie auch nicht mehr. Er wußte: Gott ist da! Und das genügte ihm.

In Tagen der Krankheit sollen wir nicht nur vermehrt beten; wir dürfen auch *dankbar ärztliche Hilfe in Anspruch nehmen.* Je und dann haben Menschen den biblischen Glauben in der Weise mißverstanden, als würde völliges Vertrauen zu Gott und seinem Wort sich darin erweisen, daß man in Tagen der Krankheit nur beten, aber keinen ärztlichen Rat suchen und keine Medikamente anwenden dürfe. Sie haben durch diese Haltung sich und manchmal auch Familienglieder in Gefahr gebracht oder geschädigt. Die Einsicht aus Jesus Sirach hat sich bis heute als richtig erwiesen: »Mein Sohn, wenn du krank bist, bete zum Herrn ... Danach laß den Arzt zu dir, denn der Herr hat ihn geschaffen ... Es kommen Zeiten, da dem Kranken durch ihn geholfen werden muß« (Sir. 38,9.12f).

Es gibt keine einzige Aussage in der Bibel, die diese Würde ärztlichen Helfens einschränkt. Wir sollten deshalb die Mahnung eines Arztes, die auf jahrzehntelanger Erfahrung basiert, nicht überhören: »Ich halte es für eine Herausforderung Gottes, therapeuthische Möglichkeiten zu mißachten und Gott um Heilung von einer Krankheit unter Verzicht auf medizinische Mittel zu bitten oder erzwingen zu wollen.«[52]

Wenn die Krankheit länger anhält und das Leiden zur Anfechtung wird, sollten wir *um Geduld bitten.* Es kann nicht darum gehen, so schnell wie möglich wieder gesund zu werden. Auch die ärztliche Behandlung sollte für uns nicht der Ausweg sein, die Zeit der Leiden um jeden Preis abzukürzen.

Der Apostel erinnert daran: »Haltet es für lauter Freude, wenn ihr in mancherlei Anfechtungen fallt, weil ihr wißt, daß euer Glaube, wenn er sich bewährt, Geduld bewirkt ... Selig ist der Mann, der die Anfechtung erduldet; denn nach seiner Bewährung wird er die Krone des Lebens empfangen, die Gott denen verheißen hat, die ihn lieb haben« (Jak. 1,2f.12). Das ist eine Lektion, die wir alle nur sehr schwer lernen.

In Krisenzeiten vollziehen sich Reifungsprozesse. Bisherige Anschauungen und Maßstäbe werden fraglich. Wir suchen nach neuen Werten, an denen wir uns orientieren können. Deshalb sollten wir in Tagen der Krankheit – aber auch von Zeit zu Zeit, solange wir gesund sind – *unsere Lebensperspektiven überdenken*:

Welche Ziele zeigt Gott mir?

Welche Aufgaben soll ich noch erfüllen?

Was soll ich beiseite legen?

Wichtig ist, daß wir Krankheit und Leiden, Anfechtungen und Schmerzen als einen Anruf Gottes verstehen, uns bereit zu machen für die Ewigkeit. Wir haben viel gewonnen, wenn wir uns die Worte Philipp Spittas (1801-1859) zu eigen machen können:

> Ja, Herr Jesu, bei dir bleib ich
> so in Freude wie im Leid;
> bei dir bleib ich, dir verschreib ich
> mich für Zeit und Ewigkeit.
> Deines Winks bin ich gewärtig,
> auch des Rufs aus dieser Welt;
> denn der ist zum Sterben fertig,
> der sich lebend zu dir hält.

Wenn uns in schwerer Krankheit selber keine Kraft zum Gebet bleibt, wenn die Krankheit zu einer Last, zu einer bedrückenden Not für uns und unsere Umgebung wird, dann sollten wir *die Ältesten der Gemeinde* rufen lassen. Sie sollten mit uns und für uns nach der apostolischen Anweisung des Jakobusbriefes beten. Das schließt aber unseren erklärten Willen ein, bei Besserung oder Genesung alle neu gewonnene Kraft Gott zur Verfügung zu stellen.

Wenn Gott auf alles Beten hin die Krankheit nicht wegnimmt, wenn das Leiden größer wird und alles darauf hindeutet, daß Gott uns auf diesem Weg zur Ewigkeit führen will, so dürfen wir getrost *um ein seliges Sterben bitten.* Darin sind uns Männer und Frauen vergangener Generationen ein Vorbild, und ihre Worte können uns Hilfe zum Gebet sein:

Paul Gerhardt (1607-1676)

> Mach End, o Herr, mach Ende
> mit aller unsrer Not;
> stärk unsre Füß und Hände
> und laß bis in den Tod
> uns allzeit deiner Pflege
> und Treu empfohlen sein,
> so gehen unsre Wege
> gewiß zum Himmel ein.

Juliane von Schwarzburg-Rudolstadt (1637-1706)

> Mein Gott, mein Gott,
> ich bitt durch Christi Blut:
> machs nur mit meinem Ende gut.

Matthias Claudius (1740-1815)

> Wollst endlich ohne Grämen
> aus dieser Welt uns nehmen
> durch einen sanften Tod;
> und wenn du uns genommen,
> laß uns in' Himmel kommen,
> du unser Herr und unser Gott.

9. Erfahrungsberichte

Im Frühjahr 1953 wurde bei mir durch einen Hals-Nasen-Ohren-Arzt in Kassel ein Tumor am Stimmband festgestellt. Nach einer Probeentnahme lautete die Diagnose der Pathologischen Abteilung im Stadtkrankenhaus Kassel: Karzinom. Zur weiteren Behandlung wurde ich in die Universitätsklinik Göttingen überwiesen. Dort wurde bei unterschiedlicher Meinung der Ärzte trotz mancher Bedenken von einer anfänglich vorgesehenen Bestrahlung abgesehen und der Tumor lediglich operativ entfernt. Auch hier war der Befund: Karzinom. In den nachfolgenden Jahren waren die durchgeführten Kontrolluntersuchungen jedoch immer zufriedenstellend – es war keine Neubildung, ja, noch nicht einmal eine Narbe zu sehen. Bis zu seinem Tod vor einigen Jahren bestätigte mir mein Hals-Nasen-Ohren-Arzt immer wieder, meine Heilung sei »einer seiner schönsten Fälle«. Für mich war und ist diese Heilung ein Wunder Gottes.

Bis zum Beginn dieser schweren Krankheitskrise mit all ihren Aufregungen und nervlichen Belastungen lebte ich nach gut bürgerlichen Maßstäben und war dem Namen nach Christ. Meine Eltern hatten mich als Kind christlich erzogen, und ich meinte, mit meiner Familie ein ordentliches Leben zu führen. Wir beteten zu Tisch, gingen gelegentlich zur Kirche und bemühten uns, anderen Menschen gegenüber anständig zu handeln. Als aber diese schwere Krankheit über mich im Alter von 33 Jahren hereinbrach, verlor ich fast den Boden unter den Füßen. Ängste überfielen mich und Fragen, wie es weitergehen sollte, und tief in meinem Inneren fühlte ich, daß mir für ein wirklich christliches Leben etwas Entscheidendes fehlte. Erst viel später wurde mir bewußt, daß es Jesus Christus als mein Erlöser war. In meiner Not begann ich, intensiv zu Gott zu beten, daß Er an mir ein Wunder tun und mich gesund machen möchte und daß Er mir eine Chance geben sollte, näher mit Ihm in Verbindung zu kommen. Ich wußte plötzlich genau, daß ich so nicht vor Ihm bestehen konnte.

Mit meinem Mann, der mir in dieser kritischen Zeit treu zur Seite stand und alle Nöte mit mir trug, begann ich, christliche Veranstaltungen aufzusuchen, u.a. eine Zeltevangelisation mit Pastor Metzger, die uns Denkanstöße gaben. Wir trafen in dieser Zeit auch alte Freunde wieder, die uns zu einem Hausbibelkreis einluden. Dort fanden wir nach Jahren des Suchens in einer Bibelwoche zum lebendigen Glauben an Jesus Christus und nahmen Ihn als unseren Erlöser in unser Leben auf. Gott hat mein Gebet um ein Wunder erhört. Über die körperliche Heilung hinaus hat er uns ein neues Leben geschenkt und uns in den vielen Jahren seither treu geführt. Heute sind wir Gott dankbar, daß Er uns im Anfang schwere Wege führte und uns dadurch in Seiner Liebe herausholte aus unserer Gottesferne.

Doch Gott half nicht nur mir persönlich zur Gesundheit und zu einem Leben mit Ihm – er hat mir und meiner Familie auch Aufgaben gezeigt, in denen wir Ihm dienen können. In der Gemeinde entdeckten wir viel Arbeit – mein Mann vor allem in der Bibelstunde, im Kirchenvorstand, im Seniorenclub und als Gemeindeältester. Auch über die Gemeinde hinaus haben wir an verschiedenen Stellen gemerkt, daß Gott uns gebrauchen wollte, z.B. bei der Verbreitung von Gottes Wort als Mitarbeiter des Internationalen Gideonbundes. Ich selbst habe im Laufe der Zeit eine ganz stille Platzanweisung von Gott bekommen: in der Begleitung von leidenden Menschen. Es scheint mir, als habe ich die Erfahrung der Todesangst damals machen müssen, um nun anderen Menschen mit schwerer Krankheit und denselben Ängsten beistehen zu können. Viele Schwerkranke schickte mir Gott seither über den Weg, die ich im Krankenhaus oder in der Wohnung besucht habe – manchmal mehrere Jahre lang. Großen körperlichen Schmerzen, seelischen Erschöpfungen, Depressionen und Selbstmordgedanken bin ich an diesen Betten begegnet, und oft blieb mir nicht viel mehr als still zuzuhören, mitzuweinen und im Innersten mitzuleiden. Aber aus meiner eigenen Erfahrung des Leides heraus hat mir Gott auch immer wieder den Mut gegeben, den Kranken von Ihm zu erzählen, ihnen Lieder vom Glauben vorzuspielen und mit ihnen zu Ihm zu beten. Wenn ich zurückblicke, sehe ich, daß Gott mich nicht nur *von* einer Krankheit, sondern auch *für* die Arbeit in Seinem Reich geheilt hat. Katharina Siebald, Kassel

Seit 1979 arbeite ich als Praktischer Arzt in eigener Praxis. Im Sommer 1987 bemerkten meine Frau und ich eine Schwellung an meiner linken Halsseite. Wegen der schnellen Entstehung dachte ich zunächst an einen Bluterguß – wie die von mir hinzugezogenen Kollegen auch. Es kam der Sommerurlaub (in einem christlichen Erholungsheim), und da mir das tägliche Tasten nach dem Knoten »lästig« wurde, beschloß ich, erst am 30. Juli, dem Geburtstag meines Sohnes, wieder die Größe zu überprüfen. Meine Frau und ich waren sehr erleichtert und froh, als an diesem Tag nichts mehr von dem Knoten zu fühlen war. Dies und einige weitere Umstände führten dazu, daß ich an diesem Tag mein Leben Jesus übergab. Etwa 8 Wochen später war der Knoten wieder da, an derselben Stelle und in derselben Größe. In der Annahme, er würde verschwinden wie beim ersten Mal, wartete ich ab. Es tat sich jedoch nichts, so daß ich schließlich eine Operation vornehmen ließ, die jedoch sehr umfangreich wurde, weil an anderen Stellen im Brustkorb ebenfalls Veränderungen aufgetaucht waren.

In vielerlei Hinsicht lernte ich nun Gottes Wirken kennen:
- Der Chefarzt der Universitätsklinik operierte mich (er war mir schon vom Studium her bekannt),

- der Narkosearzt war ein Studienkollege, dadurch waren Angst und Anonymität geringer,
- für eine nachfolgende zweite Operation in einem anderen Krankenhaus bekam ich sehr schnell einen Termin,
- Blutkonserven wurden nicht benötigt, da mir vorher genügend Eigenblut abgenommen worden war,
- nach beiden schwierigen Operationen ging es mir sehr schnell wieder gut.

Und immer wieder war zu spüren, daß viele Menschen für uns beteten und auch zur Gebetsgemeinschaft genau zur richtigen Zeit von Gott geschickt wurden. Das wurde ganz deutlich, als ich die Diagnose erfuhr: Krebs. Mein erster Gedanke war: Das kann gar nicht sein, das bin nicht ich. Ich mußte erst meinen Namen auf dem Befundzettel lesen, um es zu glauben. Eine halbe Stunde später war ein Christ bei mir, der nichts von dieser Diagnose ahnte und mich zu diesem Zeitpunkt besuchte, weil er ohnehin im Krankenhaus war, um jemand anderen zu besuchen. Durch diesen Christen schenkte Gott mir Trost und Zuversicht in dieser Situation.

Es folgte eine Serie von 26 Bestrahlungen, die ich erstaunlich gut überstand, wohl auch deshalb, weil Gott durch Geräteausfall einige »Bestrahlungspausen« schenkte.

Insgesamt war ich ein halbes Jahr krankgeschrieben. Bei so langer Abwesenheit ist eine gute Vertretung in der Praxis wichtig. Auch hierbei hatte Gott »Maßarbeit« für mich vorbereitet: Als ich innerhalb kurzer Zeit einen Vertreter brauchte, fand ich schnell einen Arzt, der für genau die Zeit eine Arbeit suchte, für die ich Vertretung benötigte.

Jahr für Jahr sind jetzt Nachuntersuchungen während eines Krankenhausaufenthaltes erforderlich, die immer aufs neue die Fragen aufwerfen: Wird etwas gefunden? Wie komme ich wieder raus? Es gab einige »Fehlalarme«, bei denen mir aber klar wurde, daß ich in Gottes Hand geborgen bin und mich nichts treffen kann, ohne daß Gott es will.

Ich danke Gott, daß bis jetzt keine Absiedlungen gefunden wurden, und daß ich wieder ganztags arbeiten kann.

Unabhängig voneinander bekamen wir Bibelstellen zugesagt. Wenn es auf und ab ging zwischen Hoffnung und banger Erwartung, half mir Römer 12,12: »Seid fröhlich in Hoffnung, geduldig in Trübsal, haltet an am Gebet.« Und über allem stand die großartige Zusage aus Hesekiel 36,11: »Ich will euch mehr Gutes tun als je zuvor, und ihr sollt erkennen, daß ich der Herr bin.«

Dr. Peter Rieger, Hamburg

Mit 18 Jahren verließ ich mein Zuhause, warf meine christliche Erziehung über Bord, erzählte jedem, der es hören oder nicht hören wollte, daß Gott nicht existiere und daß die Christen außerdem verlogen seien. Ich führte ein autonomes, von Gott gelöstes Leben; glücklich und zufrieden war ich in meiner Freiheit nicht. Ich erlernte den Beruf einer Sozialarbeiterin.

Mit 31 Jahren wurden mir wegen einer Krebserkrankung die Gebärmutter und die Eierstöcke entfernt, anschließend erfolgte eine Serie von ca. 30 Bestrahlungen. In der zweiten Nacht nach der Operation zeigte mir Gott seine reale Existenz. Obwohl keine Person in meinem Zimmer war, hatte ich den Eindruck, daß eine Stimme zu mir sagte: »Wenn du jetzt stirbst; du bist verloren; du kommst in die Hölle.«

Dieses Reden Gottes hat mich getroffen. Ich wollte mein Leben mit Gott in Ordnung bringen; ich wollte Versöhnung. Einige Tage später schrieb ich die mir bewußten Sünden – meist moralische Verfehlungen – auf ein Blatt Papier. Nach der Krankenhausentlassung hatte ich es sehr eilig, einen gläubigen Pastor aufzusuchen. In seiner Gegenwart bekannte ich Jesus Christus meine Sünden. Ich bat ihn, mir meine Sünden zu vergeben, mein persönlicher Erretter und

Herr meines Lebens zu werden. Nach der Übergabe meines Lebens an Jesus Christus war ich erleichtert und befreit.

Meine geistliche Heimat fand ich in einer christlichen Gruppe, an die ich mich konsequent hielt; ich besuchte die Veranstaltungen, las regelmäßig die Bibel und nahm das Angebot der persönlichen Beichte dankend in Anspruch. Ich war dankbar, daß Jesus Herr meines Lebens war, ihm vertraute ich, ein autonomes Leben konnte und wollte ich nicht mehr führen. Etwa ein 3/4 Jahr nach diesen Erlebnissen war ich beschwerdefrei und begann wieder, ganztags zu arbeiten.

Im Alter von 41 Jahren mußte ich erneut an Krebs operiert werden, es erfolgte eine Brustamputation mit Lymphknotenentfernung. Ich hatte Angst vor der Operation. Nach der Operation zitterte ich vor Angst am ganzen Körper. Aber Jesus Christus tröstete und stärkte mich während des Krankenhausaufenthaltes und während der folgenden Bestrahlungsserie. Auch die Gebete mit meinen christlichen Freunden gaben mir Kraft und Mut. Es stellte sich für mich die Frage, würde ich sterben oder gesund werden? Mit dieser Frage fuhr ich zu einer »Woche der Stille«. Während dieser Tage machte mir der Heilige Geist deutlich, daß die Liebe Jesu immer lebendig ist – unabhängig von meiner äußeren Situation. Es wurde mir außerdem klar, daß Jesus die Macht hat, mich gesund zu machen, daß ich ihn aber nicht dazu zwingen kann. Er ist der souveräne Herr, er allein entscheidet über Gesundheit und Krankheit, über Leben und Tod.

Nach einer Rekonvaleszenzzeit konnte ich meiner Berufstätigkeit nachgehen und führte ein »normales« Leben. Im Herbst 1988 verließ ich in aller Freundschaft die mir vertraute christliche Gruppe, um mich einer Gemeinde verbindlich anzuschließen.

Im Sommer 1989 bestand der Verdacht der Metastasenbildung, ich reagierte mit Unruhe und Hektik, sah veränderte Lebensumstände und viele Schwierigkeiten auf mich zukommen. Der Verdacht bestätigte sich, ich hatte Knochenmetastasen in der Wirbelsäule und im Becken, welche sehr schmerzhaft in das rechte Bein ausstrahlten. Jetzt stellte sich die Frage der Therapie. Ich war immer eine entschiedene Gegnerin von Chemotherapie gewesen. Zunächst schien diese auch nicht erforderlich, da die Ärzte drei verschiedene Hormontherapien verordneten. Die hatten jedoch alle keinen Erfolg; im Gegenteil, es stellte sich zusätzlich eine Spontanfraktur einer Rippe ein. Ich akzeptierte die Chemotherapie, die ich gut vertrage. Der somatische Befund hat sich wesentlich gebessert. Während der Chemotherapie sind mir die Haare ausgegangen, was für mich sehr schlimm war. Ich reagierte aggressiv und anklagend Gott gegenüber, ich meinte, von diesem Haarausfall hätte er mich doch wirklich verschonen können. Dank der psychischen Unterstützung und der Gebete meiner geistlichen Geschwister habe ich mich inzwischen mit meinen neuen Haaren, der Perücke, arrangiert.

Die Besserung meines körperlichen Zustandes habe ich den Medikamenten und Ärzten zu verdanken, jedoch in erster Linie meinem Herrn Jesus Christus. Die im Wort Gottes empfohlenen geistlichen Hilfen nahm ich in Anspruch. Ich ließ gemäß Jakobus 5,14-16 die Ältesten der Gemeinde über mir beten. Meine Glaubensgeschwister beteten mit mir und sie traten fürbittend für mich ein. Eine Stärkung war für mich die Bibelstelle Markus 16,14-18, wo der Herr Jesus die Glaubenden auffordert, den Kranken betend die Hände aufzulegen.

Ermutigend ist, daß ich durch die Gnade Jesu keine depressiven Verstimmungen hatte, wenn ich es auch als schwer empfinde, mit 51 Jahren Frührentnerin zu sein. Ich vertraue auf den Herrn, daß er mir in seinem Weinberg neue Aufgaben gibt.

Anne Marquardt, Hamburg

Ich danke meinem Gott, daß er mich wunderbar trägt und leitet. Ich bin nun 56 Jahre krank – Friedreich'sche Ataxie – und sitze 11 Jahre im Rollstuhl. Ich darf knüpfen und stikken, häkeln und viele andere Arbeiten machen. Ich nehme es als ein Geschenk dankbar aus des Herrn Hand. Nur das Schreiben fällt mir besonders schwer. Das liegt aber in der Krankheit begründet. Mitunter muß ich überlegen, wie noch ein bestimmter Buchstabe gemacht wird, auch mit der Rechtschreibung hapert es sehr. Ein amerikanischer Professor, der sich sehr für meine Krankheit interessierte, hat einmal von Hamburg aus bei meiner Frau angerufen und auch gefragt, ob ich noch schreiben kann. Und so haben Sie nun eine Probe. Ich freue mich und bin dankbar, daß es noch so gut geht. Wenn ich schreibe, schicke ich auch einige Karten und Gedichte mit, um eine kleine Freude zu machen. Der Herr gab mir die Gedanken, und ein Bruder in der Gemeinde hat die Karten hergestellt. Hier eine Probe:

Mein Leben und mein Glauben

Ich lebe mein Leben so für mich hin,
und frage stets nach dem rechten Sinn.

Ich bin geschickt und auch gescheit,
und doch sehe ich auch die Unvollkommenheit.

Ich merke auch, ich werde alt,
und habe mein Denken und Wollen
nicht mehr so in Gewalt.

An manchen Tagen bin ich müde und matt,
und hab mitunter das Leben so richtig satt.

Denn auch ein tapferes Herz
wird müde und matt bei dauerndem Schmerz.
Der Satan raunt dann ganz klug,
mach doch ein End, ist ja genug.

Da flieh' ich zu Jesus,
Er hilft mir dann,
daß ich immer wieder weiter kann.

Er schenkt mir Arbeit,
und ich gehe ran und habe meine Freude dran.

Er hilft in Not, Er hilft in Pein,
und läßt mich niemals ganz allein.

Er schenkt mir Freude, Er trägt durch Leid
und bereitet mich zu für die Ewigkeit.

Steh ich im Glauben fest und treu,
leb ich mein Leben auch ohne Scheu.

Und kommt dann der Tod,
hats ein End mit aller Not.
Da bin ich dann im »Himmlischen Land«,
und treff' die Gläubgen,
die ich einst auf Erden fand.

Da gibt's keine Trübsal, da gibts keine Tränen,
da werd ich voll Anbetung und Freude
vor Jesus stehen.

Und denk ich an diese Zeit,
wird's leichter zu tragen all mein Leid.

                                    Hermann Dieckmann, Naila 2

Mein Weg als Diakonisse begann vor 29 Jahren. Ich selbst hätte mir diesen Weg nicht gewählt. Aber Gottes Güte und Seine Geduld haben es fertiggebracht, mich davon zu überzeugen, daß dies der Weg nach Seinem Plan für mich sein sollte. Als ich das begriffen hatte, gab Er mir auch die Kraft, im Gehorsam auf Seinen Willen einzugehen. Daraufhin beschenkte mich der Herr mit großer Freude. Und ich habe diesen Schritt und diesen Weg bis heute nicht bereut.

Zu Gottes Plan für mein Leben gehörte auch, daß ich vor vier Jahren an einem bösartigen Tumor erkrankte. Als ich das merkte, wußte ich: Jetzt will sich Gott in besonderer Weise um mich kümmern. Zunächst machte ich die Erfahrung einer tiefen Ruhe und Geborgenheit, was ich sicher der Fürbitte von vielen Menschen zu verdanken habe. Ich war auch voller Vertrauen, daß ich wieder gesund werden würde, und zwar bald.

Aber die Krankheit ging weiter. Ich wollte es kaum glauben, aber es war so. Ich fing an zu grübeln und zu fragen: »Wie soll es weitergehen? Werde ich überhaupt wieder gesund?« Die Ungewißheit bedrängte mich. Auf mein Gebet hin blieb ich zunächst ohne Antwort. Ich fing an, mich selbst zu bedauern. Aber da empfand ich: »So kann es nicht weitergehen, irgendwie brauche ich jetzt Hilfe.« Ich war hingewiesen worden auf die Möglichkeit des besonderen Gebetes in Jakobus 5,14-15. Und so fing ich an, darüber nachzudenken. Es gab auch andere Gedanken in meinem Herzen, die mich wieder davon abbringen wollten. Ich dachte: »Wenn so viele für mich beten, dann genügt das doch, und ich werde mein Gleichgewicht schon wieder finden.« Doch dann erkannte ich, daß mein Stolz mir hinderlich war. Aber Gott wollte mir gerade auf diesem Wege helfen.

Es wurde dann gebetet und gehandelt nach den Worten der Bibel. Und jetzt brauchte ich auf die Antwort Gottes auch nicht mehr zu warten. Sie war sofort da: mit einer Fülle von Freude, mit Seiner beglückenden Nähe, mit ganz neuer Freude an Seinem Wort, mit einem tiefen, verstärkten Bewußtsein Seiner Liebe und Vergebung. Ich erfuhr und erlebe seitdem immer wieder auch im physischen Bereich ein subjektives Wohlbefinden, obwohl ich ja weiterhin krank bin. Es war sogar so, daß ich nach ein paar Monaten wieder mit neuen Befunden konfrontiert wurde. Die Krankheit war wieder weitergegangen. Aber all diese Dinge stehen überhaupt nicht mehr im Vordergrund und bedrängen mich nicht mehr. Statt dessen erfüllt mich ein tiefer Dank und von Herzen der Wunsch, meinem Herrn erneut und vermehrt verfügbar zu sein.

Während des Aufenthaltes in einer Kurklinik hatte ich folgendes Erlebnis: Visite war angesagt, die Ärzte kamen. Angesichts der Situation, die uns allen bekannt war, stellte ich die Frage: »Welchen Rat wollen Sie mir geben?« Die Ärzte wußten keinen. Doch einer der Ärzte stellte mir die Gegenfrage: »Wie machen Sie es nur, bei all dem, was war und jetzt ist, so eine zuversichtliche und positive Ausstrahlung zu haben?« Im Augenblick war ich überrascht, denn ich tat ja nichts Besonderes. Aber dann habe ich gerne gesagt, welche Erfahrungen ich mit dem Gebet mache. Diese und ähnliche Begegnungen bestätigen mir, daß ich den Frieden Gottes ausstrahlen darf – und das sehe ich heute als meine vorrangige Aufgabe an.

Waltraut Schimkat, Hamburg

10. Wort des Hauptvorstandes der Deutschen Evangelischen Allianz zur Frage von Krankheit und Heilung aus biblischer Sicht

Wir freuen uns über das Zeugnis vom vielfältigen Wirken des Heiligen Geistes in unserer Zeit. Eine neue Sehnsucht nach Heil und Heilung hat viele Menschen erfaßt. Die Heilsbotschaft der Bibel ist die Antwort Gottes auf diese Sehnsucht. Gott erfüllt alle seine Verheißungen, aber zu seiner Zeit und auf seine Weise. Deshalb ist es wichtig, daß wir genau auf das Wort der Schrift hören und die heilsgeschichtlichen Perspektiven bedenken. Sonst besteht die Gefahr, daß unter Berufung auf Bibelworte unbiblische Erwartungen geweckt werden, die letztlich zu Enttäuschungen und zu tiefen Glaubenskrisen führen.

Die Vollendung steht noch aus

Wir leben in einer von Gott abgefallenen Welt. Die ursprüngliche Gemeinschaft Gottes mit uns Menschen ist zerbrochen. Wir können sie von uns aus nicht wiederherstellen. Eine Folgeerscheinung dieser Tatsache sind Krankheit und Tod. Erst in der Neuschöpfung von Himmel und Erde will Gott Krankheit, Schmerzen und Tod beseitigen (Offb. 21,1-5).

Krankheit und Schuld

Trotz des Zusammenhangs von Urschuld des Menschen einerseits und Krankheit und Leiden andererseits ist deshalb nicht jede Erkrankung eines Menschen zwangsläufig Folge einer bestimmten Sünde oder eines konkreten Fehlverhaltens (Joh. 9,1-3).

Vollmacht des Christus

Jesus Christus, der Sohn Gottes, ist der Anfänger einer neuen Menschheit (1. Kor. 15,20-28.45) und hat als »Urheber unseres Heils« (Hebr. 5,9) die Mächte der Krankheit und des Todes überwunden. Er hat Anteil an Gottes Macht und souveränem Handeln. Die vielen Heilungswunder im Wirken Jesu sind Erweis seiner Messianität und Erfüllung alttestamentlicher Verheißungen. Die Heilungen sollen Zeichen dafür sein, daß die messianische Heilszeit angebrochen ist (Jes. 53,4 u. Matth. 8,16.17; Jes. 35,5; 61,1 u. Matth. 11,4.5). Sie sind nur Begleiterscheinungen der Verkündigung: Darum weist Jesus jede Zeichenforderung zurück und befiehlt oft den Geheilten Verschwiegenheit. Die einzigartige Vollmacht Jesu zu heilen, können wir nicht beliebig auf uns übertragen. Wir warnen davor, durch Glauben und Gebet Gott zu heilendem Eingreifen zwingen zu wollen.

Heil wichtiger als Heilung

Gott zielt in seinem Heilsratschluß auf das Heil und das Wohl der Menschen. Aber in der Zeit zwischen Pfingsten und der Wiederkunft Jesu ist das Heil der Menschen wichtiger als die körperliche Heilung (Luk. 19,10). Als Christen warten wir noch auf die »Erlösung unseres Leibes« (Röm. 8,23). Auch Christen können krank werden und müssen sterben. Dennoch haben wir die Gewißheit des ewigen Lebens.

Heilung mit und ohne Ärzte

Für die Zeit zwischen Sündenfall und Weltvollendung hat Gott immer wieder Menschen mit der Einsicht in die ärztliche Kunst begabt zur Linderung und Heilung körperlicher und seelischer Leiden. Wir sollen in Zeiten der Krankheit ärztliche Hilfe dankbar in Anspruch nehmen. Dabei hat Gott in seinem souveränen Heilswillen immer wieder Kranke entgegen aller Erwartung bzw. ohne menschliche Hilfe geheilt.

Prüfung der Geister

Jesus beauftragt seine Jünger, das Evangelium allen Menschen zu verkündigen. Er gibt ihnen dazu die Vollmacht seines Heiligen Geistes und verheißt ihnen, daß ihr Dienst auch durch Zeichen und Wunder bestätigt wird. Vollmacht steht nie in der Verfügung der Glaubenden, sondern muß immer wieder demütig erbeten werden. Zeichen und Wunder sind nicht die Regel, sondern die Ausnahme und werden von Gott gewirkt, wann und wo er will. Wunder sind mehrdeutig und bedürfen als Zeichen göttlichen Handelns der deutenden Verkündigung des Wortes Gottes. Sie sind in sich kein schlüssiger Beweis dafür, daß Menschen, die sie vollbringen, unter göttlichem Auftrag in der Kraft des Heiligen Geistes handeln (2. Mose 7,3.22). Jesus hat vor falschen Wundertätern gewarnt, die in seinem Namen auftreten werden (Matth. 7,22). Die letzte Wegstrecke der Gemeinde Jesu vor der Wiederkunft des Herrn wird dadurch gekennzeichnet sein, daß Zeichen und Wunder geschehen, die nicht von Gott gewirkt sein werden, aber solche Faszination ausüben, daß möglicherweise auch die Gläubigen durch sie verführt werden können (Matth. 24,24; 2. Thess. 2,9). Dadurch wird in der Gemeinde die »Prüfung der Geister« notwendig (1. Joh. 4,1).

Mit Kranken beten

Der Gemeinde der Glaubenden ist neben der Verkündigung des Evangeliums auch die Tat barmherziger Liebe zur Linderung von Krankheit und Leid aufgetragen. Dazu gibt Christus in seiner Gemeinde Gaben der Heilung und die

Anweisung, bei schwerer Erkrankung die Ältesten der Gemeinde zur Seelsorge und zur Fürbitte zu rufen. Das Gebet der Ältesten wird dem Kranken helfen (Jak. 5,13-16). Wir ermutigen daher die Glaubenden, diesen Dienst noch mehr auszuüben und in Anspruch zu nehmen.

Gottes Kraft in den Schwachen

Jede Krankheit im Leben eines Christen kann eine »Botschaft Gottes in Geheimschrift« sein. Wenn wir davon betroffen sind, sollten wir Gott darum bitten, uns zu zeigen, was er uns dadurch sagen will. Christen können gewiß sein, daß auch Krankheit und Leiden, die von Gott in unser Leben hineingeordnet werden, zum Guten mitwirken (Röm. 8,28). Wenn Krankheit und Leiden zur Anfechtung des Glaubens und zu einer unerträglichen Belastung werden, dürfen wir Gott zuversichtlich um Linderung oder Heilung bitten, müssen ihm aber anheim stellen, wie er auf dies Gebet antworten wird. Auch Jesus hat im tiefsten Leiden um Gottes helfendes Eingreifen gebetet, aber seiner Bitte hinzugefügt: »Nicht wie ich will, sondern wie du willst.« Wenn Gott dann die Krankheit nicht von uns nimmt, wird er uns die Kraft zum Tragen geben und sie für uns und andere zum Segen werden lassen.

29. November 1988

Der Hauptvorstand
der Deutschen Evangelischen Allianz

ANMERKUNGEN

[1] Flugblatt »Kann ich durch die Christliche Wissenschaft geheilt werden?« o.J.; a.a.O. ein Auszug aus dem Buch von Irving C. Tomlinson »Twelve Years with Mary Baker Eddy«: »Was auf die Anwesenden den größten Eindruck machte, war die außerordentliche Einfachheit, wie Mrs. Eddy heilte. Sie verstand das göttliche Prinzip des Heilens so klar, daß oft nur eine einzige Wahrheitserklärung nötig war, um die gewünschten Ergebnisse herbeizuführen.«

[2] Informationsblatt der Aktion frohe Botschaft, Hamburg, November 1975.

[3] »Göttliches Licht und Erweckung« 3. Jg. Nr. 9, Berlin 1971, S. 33. Verf. nicht genannt.

[4] Lorenz Keip, Glaubensheilungen, Berlin 1958⁵, S. 86, 90, 125.

[5] Gerd Propach (Hrsg.), »Predigt und heilt«, Gießen/Basel 1985, S. 75. Wir müssen daran erinnern, daß es keine wissenschaftliche Definition von Krankheit und Gesundheit gibt, die die uneingeschränkte Zustimmung aller findet.
Arthur Jones, »Der Mensch und seine Krankheit«, Stuttgart 1970⁴, S. 166: »Gesund ist derjenige Organismus, der über alle seine Möglichkeiten zur Selbstentfaltung verfügen kann; krank derjenige, der diese Möglichkeiten nicht zur vollen Verfügung hat.« Mit dieser Definition ist Wesentliches gesagt, aber auch nicht alles erfaßt.
Krankheit und Gesundheit sind keine scharf umschriebenen Zustände, sondern sie gehen fließend ineinander über, wie wir auch von unterschiedlichen Schweregraden einer Krankheit sprechen können.
Vgl. Joachim Bodamer, »Der Mensch ohne Ich«, Basel/Freiburg, 1959², S. 55f.

[6] Don Basham, »Ihr werdet Kraft empfangen«, Erzhausen 1974, S. 25: »Bekehrung ist eine Erfahrung, und die Taufe im Heiligen Geist ist ein zweites, nachfolgendes Erlebnis.« S. 37: »Das zentrale Erlebnis der Taufe im Heiligen Geist ist das Phänomen, welches man Glossolalie oder Sprechen in anderen Zungen nennt.«
Merlin Carothers, »Ich suchte stets das Abenteuer«, Schorndorf, 1974², S. 30: »Ich bete immer in Zungen, seitdem ich die Taufe im Heiligen Geist empfangen habe.«

[7] Keith R. Kelley, in: »On the move«, Brüssel, 1979, Nr. 1, S. 2.
Dennis und Rita Bennet, »The Holy Spirit and You«, London 1971, S. 114, 121-122: »Wir sind nicht berechtigt, die Bitte um Heilung mit dem Nachsatz – »wenn du es willst« – abzuschwächen. Gott zeigt uns deutlich in seinem Wort, daß es immer sein Wille ist, den Kranken zu heilen ... Überall, wo der Heilige Geist am Wirken ist, werden

Heilungen geschehen. Gott wird nicht durch die Krankheit seiner Kinder verherrlicht ... Die Bibel verspricht dem Gläubigen gute Gesundheit. Aus verschiedenen Gründen werden Gläubige manchmal krank. Die Verheißung lautet: Wenn wir krank werden, wird Gott uns heilen ... Dem Volk Gottes wird ein langes Leben verheißen, und unser Heimgehen braucht nicht durch Krankheit und Schmerzen zu geschehen.«

[8] M. Carothers, a.a.O. S. 67 (Wiedergabe eines Gespräches mit Gott): »Was möchtest du, daß ich dir tun soll? Heile mich, Herr. – Soll ich dich heilen oder die Symptome wegnehmen? – Ist das nicht das gleiche, Herr? – Nein. – Gut, Herr, dann heile mich, und ich werde den Symptomen keinerlei Beachtung mehr schenken.«

[9] H. Grüber – F. Laubach – Th. Wendel, »Die 3. Welle des Heiligen Geistes«, Idea-Spektrum, 47/1988, S. 14f.

[10] Friedhelm Krenz, »Rosario – In den Slums von Manila«, Witten 1989, S. 82ff.

[11] In diesen Zusammenhang gehört auch der Hinweis auf die »Menge von Kranken: Lahmen, Blinden und Schwindsüchtigen« am Teich Bethesda (Joh. 5,2-3), ebenso das Wort Jesu in Luk. 4,27: »Viele Aussätzige gab es in Israel zur Zeit des Propheten Elisa, und doch wurde kein einziger von ihnen gereinigt, sondern nur der Syrer Naeman.«

[12] Arthur Jores, »Der Mensch und seine Krankheit«, Stuttgart, 1970⁴, S. 61: »Die Vorstellung, daß Krankheit Folge der Sünde sei, bleibt trotz der eindeutigen Hinweise des Neuen Testaments, daß es nicht immer so zu sein braucht, durch das ganze Mittelalter lebendig. Das Krankenhaus des Mittelalters, uns noch in Frankreich überliefert, hatte an der Pforte den Beichtstuhl und traf eine Anordnung der Krankenbetten um den Altar.«

[13] G. Lisowsky, »Konkordanz zum hebräischen Alten Testament«, Stuttgart 1981², S. 1352 – Salomon Mandelkern, »Veteris Testamenti Concordantiae«, Tel Aviv 1986, S. 1104f – W. Gesenius-Buhl, »Handwörterbuch zum Alten Testament«, Berlin 1962¹⁷, S. 769.

[14] Wolfgang Bittner, »Heilung – Zeichen der Herrschaft Gottes«, Neukirchen, 1988², S. 20f.

[15] 1. Mose 50,2 zweimal; 2. Mose 15,26; 2. Chron. 16,12; Jer. 8,22. Die Übersetzung Jes. 3,7 ist sinngemäß richtig: »Er wird sie zu der Zeit beschwören und sagen: Ich bin kein Arzt; es ist kein Brot und kein Mantel in meinem Hause.« Hier wird aber nicht das geläufige hebr. Wort für »Arzt« (*rophe*) gebraucht, sondern ein Wort, das vom Verbum *chabasch* = verbinden, bekleiden abgeleitet ist und von der LXX mit »Herrscher« (griech. *achägós*) übersetzt wird. Bildlich könnte man frei übersetzen: »Ich bin kein Wundarzt des Staates«; vgl. Gesenius-Buhl, 1962¹⁷, S. 213, 769.

[16] Hansjörg Bräumer, »Auf dem letzten Weg«, Neuhausen-Stuttgart, 1988, S. 20f. Bräumer folgt in seiner Auslegung W. J. Bittner (vgl. Anm. 14), S. 21f.

[17] Die Apokryphen des AT stammen aus dem späteren Judentum vorchristlicher Zeit, waren vom Gebrauch im jüdischen Gottesdienst ausgeschlossen, geben aber wertvolle Aufschlüsse über jüdisches Denken und jüdische Frömmigkeit. Das Buch Sirach wurde etwa 200 v. Chr. abgefaßt und etwa 190-170 v. Chr. von Jesus, dem Enkel des Sirach, aus dem Hebräischen ins Griechische übersetzt.
Vgl. F. Rienecker, »Lexikon zur Bibel«, Wuppertal 1960, Sp. 91ff; John Bright, »Geschichte Israels«, Düsseldorf 1966, S. 461, 468f.

[18] H. Bräumer, a.a.O. S. 24: »Diese grundsätzliche positive Einstellung zur Person des Arztes und zur Heilkunst findet ihre Fortsetzung im Neuen Testament. Es ist kein einziges Wort bekannt, in dem sich Jesus gegen die Ärzte seiner Zeit wandte. Jesus hatte vielmehr ein ungebrochenes Verhältnis zu den damaligen Heilmethoden. So ging er bei manchen Heilungen ähnlich vor wie die Mediziner jener Zeit.«
Vgl. das Wort Jesu Mark. 2,17 par.

[19] Heilungsberichte im Matthäus-Evangelium: 4,23-24; 8,2-3; 8,5-13; 8,14-15; 8,16; 9,2-7; 9,20-22; 9,27-30; 9,32-33; 12,9-13; 12,15; 12,22; 14,14; 14,35-36; 15,21-28; 15,31-32; 17,14-18; 19,2; 20,29-34; 21,14.

[20] Adolf Pohl, »Das Evangelium des Markus«, Wuppertaler Studienbibel, Wuppertal 1986, S. 298.

[21] Im Bericht Mark. 1,34 fehlt die Angabe »durchs Wort«, die wir bei Matth. 8,16 finden. Die Parallele Luk. 4,40 ergänzt: »Er aber legte einem jeden von ihnen die Hände auf und heilte sie.«

[22] Zur Bedeutung der Handauflegung vgl. F. Laubach, »Der Brief an die Hebräer«, Wuppertaler Studienbibel, Wuppertal 1975³, S. 117f; und Laubach-Schütz, »Hand/Handauflegung«. Theol. Begr. Lexikon zum NT, Wuppertal 1969, Bd. 2, S. 628ff; außerdem Gerh. Kuhlmann ». . . und legten die Hände auf sie«, Marburg 1972, S. 20f.

[23] In diesem Zusammenhang sei auch auf die Heilungswunder durch den Schatten des Petrus und die Schweißtücher des Paulus verwiesen, die Apostelg. 5,15-16 und 19,11-12 berichtet werden.

[24] F. Graber/D. Müller, Art. »Gesund«, in Theol. Begr. Lexikon zum NT, Wuppertal 1967, Bd. 1, S. 549.
Es gibt eine einzige Begebenheit im NT, wo der Versuch der Jünger, einen mondsüchtigen Knaben zu heilen, an ihrem »Kleinglauben« scheitert (Matth. 17,17-21). In dieser Situation bezieht Jesus alle seine Hörer in den Vorwurf ein. Der »Kleinglaube« ist zwischen Gott und den Nöten hin- und hergerissen, der »große Glaube« setzt alles auf Gottes Erbarmen und seine Gnade. Es bedarf zur Vollmacht zu heilen also eines gereiften, an Erfahrungen reichen Glaubens. Vgl. Gerh. Mai-

er, Matthäus-Evangel. 2. Teil, Neuhausen-Stuttgart 1980, S. 35ff.
[25] Hansjörg Bräumer, a.a.O. S. 41.
[26] Die Ausweitung von Verkündigung und Heilung über die Grenzen Israels hinaus ist sicher ein Aspekt der Verheißung für die Glaubenden, die Jesus in den Abschiedsreden Joh. 14,12 gibt: »Wer an mich glaubt, wird die Werke, die ich tue, auch vollbringen, ja er wird noch größere als diese vollbringen.«
[27] Vgl. Gerhard Maier, »Matthäus-Evangelium«, 1. Teil, Neuhausen-Stuttgart 1979, S. 339.
[28] Zur Frage der Vollmacht wird auf den Aufsatz verwiesen von Theo Sorg, »Geistliche Vollmacht in der Verkündigung«, in Theologische Beiträge, 5. Jg. Heft 2, Wuppertal 1974, S. 49ff.
[29] Heilungsberichte in der Apostelgeschichte: 3,1-8; 5,15-16; 8,7; 9,32-34; 14,8-9; 19,12; 28,8-9. Vielleicht könnte man noch das Gebet der Gemeinde um Heilungen Apg. 4,30 hinzurechnen und die Totenauferweckung durch Petrus Apg. 9,36-41 und durch Paulus Apg. 20,9-12.
[30] Der Hinweis auf die tödliche Wunde an einem der Köpfe des Tieres, die geheilt wurde (Offb. 13,3.12), ist prophetische Bildrede und gehört nicht in den Zusammenhang unseres Themas.
[31] Zur Auslegung von 1. Kor. 11,30 vgl. Karl Heim, »Die Gemeinde des Auferstandenen«, München 1949, S. 172; und Werner de Boor, »Der erste Brief des Paulus an die Korinther«, Wuppertaler Studienbibel, Wuppertal 1968, S. 195f.
[32] Der Apostel Paulus verwendet hier das Wort »Krankheit, Schwäche, fehlende Widerstandskraft«, griech. *astheneia*. Dieser Wortstamm als Substantiv, Adjektiv und Verbum im Sinne von krank, schwach, kraftlos sein kommt im Neuen Testament am häufigsten vor (83 mal). Zwei weitere Substantive beschreiben ebenfalls das körperliche Leiden (Matth. 4,23; 9,35): *nosos* = Krankheit und *malakia* = Schwäche, die zur Mutlosigkeit führt, in der gleichen Bedeutung »krank« das Adjektiv *arrostos* (Mark. 6,5.13; 16,18; 1. Kor. 11,30 neben *asthenäs*). Zwei weitere Verben bedeuten krank, kraftlos sein, Unglück erleiden: griech. *kakos echein* (Matth. 4,24; 8,16) und *kakopathein* (2. Tim. 2,9; Jak. 5,13). Schließlich umschreiben die Formen *eschatos echein* (Mark. 5,23) und *kamnein* (Jak. 5,15) den letzten Grad einer körperlichen Krankheit; sie bedeuten, daß ein Mensch hoffnungslos krank ist und in den letzten Zügen liegt. Den zahlreichen Begriffen, die eine Krankheit anzeigen, stehen vier Worte im Sinne von heilen, ärztlich behandeln, von Krankheit erretten und gesund sein gegenüber. 43 mal wird das Verbum *therapeuein* (dienen, heilen) gebraucht, 26 mal das Wort *iasthai* (heilen) und 12 mal das Wort *hygiäs* (gesund). Im Bericht von der Auferweckung der Tochter des Jairus und der Heilung der blutflüssigen Frau wird das Wort retten, griech. *sozein*, synonym mit den

Worten »am Leben bleiben« und »gesund sein« verwandt (Mark. 5,23.28.34). Diese kurze Übersicht kann Umfang und Grenze der Bedeutung der Frage von Krankheit und Heilung im Neuen Testament verdeutlichen. Zu den einzelnen Begriffen vgl. W. Bauer, »Wörterbuch zum NT«, Berlin 1963[5] und H. Bachmann u. W. A. Slaby, »Computer-Konkordanz zum Novum Testamentum Graece«, Berlin 1985.

[33] Zu 2. Kor. 12,7-10 vgl. Theophil Spörri, »Alles im Dienste Christi«, Studien über den 2. Korintherbrief, Zürich 1945, S. 124 und W. de Boor, »2. Korintherbrief«, Wuppertal 1972, S. 234.
W. Weber in G. Propach, »Predigt und heilt«, S. 27: »Die Krankheit verband ihn stärker mit dem Heil und dem Heiland, als es die zunächst so sehr erbetene Gesundheit je hätte tun können.«

[34] Wir verweisen auf die ausführliche Untersuchung des neutestamentlichen Begriffes der »Gnadengaben« bei Ulrich Brockhaus, »Charisma und Amt«, Wuppertal 1972, besonders S. 128ff; S. 139ff; S. 189ff.

[35] Vgl. Gustav Stählin, Theologisches Wörterbuch zum NT, Bd. 1, Stuttgart 1933, S. 489ff und Walter Bauer, Wörterbuch zum NT, Berlin 1963[5], Sp. 794. Hier wird deutlich, daß das Gebet der Ältesten nicht bei jeder geringfügigen Erkrankung eines Gemeindegliedes angebracht ist.

[36] Gerhard Kuhlmann, ». . . und legten die Hände auf sie«, Marburg 1972, S. 22: »Beachtet aber sollte unbedingt werden, daß die Handauflegung immer in Verbindung mit einer Gemeinde geübt wird und nicht von irgendwelchen Einzelgängern und herumreisenden Wunderheilern. Wir müssen die ablehnen, die ohne Verbindung mit einer sichtbaren Ortsgemeinde die Hände auflegen. Nur so ist eine saubere seelsorgerliche Vorbereitung möglich und jede Täuschung über den wahren inneren Zustand weitgehend ausgeschaltet. Die Brüder einer Gemeinde kennen die einzelnen Glieder viel besser und können sich ergänzen in der rechten Beurteilung der Person, die die Handauflegung wünscht.«

[37] H. Bräumer, a.a.O. S. 19: »Die Ältesten, von denen Jakobus berichtet, ließen dem Kranken, noch bevor sie beteten, ärztliche oder zumindest pflegerische Hilfe zuteil werden. Darauf weist einmal das Wort ›salben‹ und dann die Erwähnung des ›Öles‹ hin. Die Salbung mit Öl war hier keine religiöse Handlung. Es gibt im Neuen Testament ein eigenes Wort für die geistliche oder religiöse Salbung (griech. *chrinein*). Die Zuwendung der Ältesten zum Kranken aber beschreibt Jakobus mit dem Wort ›einreiben‹ (griech. *aleipho*). Es handelt sich um einen medizinischen, einen therapeutischen Akt. Öl galt damals als Heilmittel mit vielfältiger Wirkung. Zahlreiche Medikamente wurden auf der Basis des Öls hergestellt. Heute ist an die Stelle des Einreibens mit Öl die ärztliche Behandlung mit Medikamenten getreten.«

Anders urteilt Adolf Köberle, »Die Frage der Glaubensheilungen in der Gegenwart«, in »Der Reichsgottesarbeiter«, Lahr 1990, S. 91: »Was aber das Salben mit Öl betrifft, so ist dabei nicht an eine medizinische Heilwirkung zur Belebung oder Erwärmung der Hautfunktion zu denken. Der Sinn ist vielmehr der: So wie im Alten Bund die heiligen Geräte für die Stiftshütte oder für den Salomonischen Tempel in feierlicher Weise gesalbt wurden, als Ausdruck der Übergabe an Gott, im gleichen Sinn soll sich der Kranke durch den Vorgang der Ölung mit Leib und Seele an Gott ausliefern.«

[38] Art. »Arzt« in: »Das Große Bibellexikon«, Wuppertal 1987, Bd. 1, S. 117f.
[39] Paul Gerhard Johanssen, »Glaubensheilungen in den jungen Kirchen«, Bad Salzuflen 1964, S. 10.
[40] D. Scheunemann, »Erweckung in Indonesien«, in: »Das Feste Prophetische Wort«, Gladbeck 1969, S. 234.
[41] Vgl. J. Schneider Art. »Erlösung«, Theol. Begr. Lexikon zum NT, Wuppertal 1967, Bd. 1, S. 264ff.
[42] H. Bräumer, a.a.O. S. 37.
[43] Helge Stadelmann, »Heilung, Heil und magisches Handeln«, in G. Propach (Hrsg.), »Predigt und heilt«, Gießen/Basel 1985, S. 60.
[44] Hans-Christoph Piper, »Kranksein – Erleben und Lernen«, München 1980, S. 30.
[45] Paul Tournier, »Echtes und falsches Schuldgefühl«, Bern, 2. Aufl. o.J. S. 29f.
[46] Emanuel Hurwitz, »Vom Umgang mit dem Leiden«, Neue Zürcher Zeitung, Nr. 73, 27./28. 3. 1976, S. 35.
[47] Ulrich Eibach, »Der verdrängte Tod«, Theologische Beiträge, 6. Jg. Nr. 4, Wuppertal 1975, S. 139ff.
[48] Zitiert in der Zeitschrift »Der Gärtner«, 65. Jg. Nr. 36, Witten 7. 9. 1958, S. 709.
[49] Diese Frage wird eindrücklich gestellt von Heinz Doebert, »Das Charisma der Krankenheilung«, Hamburg 1960 und George Benett, »Das Wunder von Crowhurst«, Wuppertal 1972.
Vgl. A. Köberle, »Die Frage der Glaubensheilungen in der Gegenwart«, S. 117: »Im allgemeinen trauen wir Gott zu wenig zu und am allerwenigsten im Blick auf die leiblichen Gebrechen. Der aber, der uns um das Kommen des Reiches Gottes bitten heißt, hat uns mit der vierten Bitte das Recht gegeben, auch all das vor Gott zu bringen, was das Leid unserer leiblich-irdischen Existenz betrifft.«
[50] Paul Tournier, a.a.O. S. 29.
[51] Friedrich von Hardenberg, 1772-1801; besonders bekanntgeworden sind seine geistlichen Lieder: »Wenn ich Ihn nur habe, wenn Er mein nur ist« und »Was wär ich ohne Dich gewesen, was würd ich ohne Dich, Herr, sein?«

[52] Kurt A. Lennert, »Vom Heilwerden«, Wuppertal 1989, S. 106.
Vgl. dazu Willi Weber, »Krankheit und Heilung aus biblischer Sicht«, in Gerd Propach »Predigt und heilt«, 1985, S. 28: »Wir nehmen in keinem Fall die Krankheit als unabänderliches Schicksal hin, dem wir uns zu beugen hätten, sondern bekämpfen die Krankheit im Namen Jesu Christi. Wir setzen alle uns möglichen Mittel ein und erbitten im Glauben von Gott Heilung. Krankheit kann nämlich den Sinn haben, ›die Werke Gottes offenbar werden‹ zu lassen (Joh. 9,3). – Weil wir aber auch wissen, daß Heilung allein nicht genügt und Heil wichtiger ist als Heilung, werden wir Heilungen nicht ertrotzen dürfen. Die Krankheit kann nämlich den Sinn haben, einen Menschen zu heiligen, zu prägen und ihn für Gott besonders brauchbar zu machen.«

BIBELSTELLENVERZEICHNIS

1. Mose	3	21
	20,17	22
	27,1	20
	28,20-22	42
	32,32	20
	48,1.21	21
	48,10	20
	50,2	24
2. Mose	7,3.22	79
	7,11f.22	11
	7,22	33
	8,3	11, 33
	9,10	20
	15,26	24
	21,18.19	25
3. Mose	13 u. 14	20
	13,45.46	28
	19,14	20
4. Mose	12,10-15	22
	12,13	22
5. Mose	4,34	33
	7,19	33
	27,18	20
	29,2	33
	32,39	22
Richter	2,16.18	44
1. Samuel	3,2	20
	4,15	20
	4,19.20	20
1. Könige	17,1.2	46
	18,1	46
	18,42-45	46
2. Könige	1,2-4.17	20
	13,14	20
	20,1-7	22
2. Könige	20,5-8	22, 25
	20,12ff	58
2. Chronik	16,12	24
	31,20f	57
	32,24f	57
	32,31	58
Hiob	33,19.22.29ff	51
	36,15.16	51
	42,7	48
Psalm	6,3	23
	30,3f	23
	36,10	21
	41,5	23
	73	23
	103,3	23
	106,14f	57
	107,17-20	47
	107,20	22
	139,2	62
Jesaja	1,5.6	20
	35	22
	35,5.6	31
	35,5	78
	38	22
	38,1	21
	38,1.21	25
	38,1ff	57
	39,8	58
	53,4	17, 31, 53, 78
	53,4.5	56
	53,5-7	31
	61,1	27, 31
Jeremia	8,22	24
	15,1.4	58
Hesekiel	47,12	22
	36,11	70

Daniel	8,18	44
Jesus Sirach (Apokr.)	18,1-5	25
	38,9.12f	63
Matthäus	4,23	30
	6,31-33	61
	7,22	33, 79
	8,2-3	28
	8,4	32
	8,5-6.10	29
	8,13-17	27, 30, 31, 56, 78
	9,20-22	29
	9,28	29
	10,1-8	32
	11,2	33
	11,4.5	31, 78
	12,16	32
	12,38-42	32
	16,5-12	43
	16,13ff	33
	24,24	33, 79
	26,39.42.44	39
Markus	1,15	35
	1,40-42	39
	2,1-12	30
	2,5	29
	3,1-5	29
	5,22-23	29
	6,5	28
	6,7.12.13	32
	6,13	38
	6,56	28
	7,26	29
	8,22-26	28
	9,22	29
	16,14-18	72
	16,15	50
	16,17	17
	16,17-18	18
	16,19-20	32
Lukas	4,18.21	27
	9,1-2.6.40	33
	12,41	43
	13,11-13	29
	13,13	28
	17,13	29
	19,10	78
	22,51	29
Johannes	4,47	29
	5,1ff	30
	5,5-6	29
	5,19	30, 32
	9,1-3	21, 30, 47, 77
	10,30	35
	13,7	49
	13,12	43
	14,9	35
	18,10	29
	20,21	32
Apostelgeschichte	4,12	43
	8,30.34	43
	13,6ff	33
	28,7-10	36
Römer	2,4	51
	8,19-23	50
	8,23	78
	8,28	44, 80
	12	37
	12,12	70
1. Korinther	11,30	35
	12	37
	12,9	37, 46
	12,9.30	13
	12,10	34
	12-14	18
	15,42	44
	15,42-43	49
	15,20-28.45	78
2. Korinther	4,7	35

2. Korinther	5,2.4	39
	5,17	50
	11,23-27	36
	12,7-10	37, 48
Galater	4,13	36
Epheser	5,20	40
Philipper	2,27.30	36
1. Thessalonicher	4,13-18	36
	5,18	40
2. Thessalonicher	2,9	34, 79
1. Timotheus	5,23	36
2. Timotheus	4,20	36
Hebräer	2,14	53
	5,9	78
	13,8	18, 53
Jakobus	1,2f.12	64
	3,2	45
	5,11	47
	5,13-16	80
	5,13-18	38
	5,14-15	75
	5,14-16	72
	5,16	45
1. Petrus	1,6-9	48
	1,7	47
	4,1	48
	4,12-14	48
1. Johannes	4,1	34, 79
3. Johannes	2	36
Offenbarung	2 u. 3	35
	21,1-5	53, 77
	21,4	49

LITERATURHINWEISE

George *Benett*, »Das Wunder von Crowhurst«, Metzingen 1982
Wolfgang *Bittner*, »Heilung – Zeichen der Herrschaft Gottes«, Neukirchen 1984; »Krankenheilung, Krankheit«, in: »Das Große Bibellexikon«, Wuppertal 1988, Bd. 2, S. 827ff
Joachim *Bodamer*, »Der Mensch ohne Ich«, Freiburg 1981
Hansjörg *Bräumer*, »Auf dem letzten Weg«, Neuhausen-Stuttgart 1988
Joachim *Braun*, »Krankheit, Gebet, Heilung«, Metzingen 1956
Heinz *Doebert*, »Das Charisma der Krankenheilung«, Hamburg 1960
Hans *Gödan*, »Christus und Hippokrates«, Stuttgart 1958
Paul Gerhard *Johanssen*, »Glaubensheilungen in den jungen Kirchen«, Bad Salzuflen 1964
Arthur *Jores*, »Der Mensch und seine Krankheit«, Stuttgart 1970
Lorenz *Keip*, »Glaubensheilungen«, Berlin 1958
Heinrich von *Knorre* (Hrsg.), »Seelische Krankheit – Heilung – Heil«, Marburg 1980
Adolf *Köberle*, »Die Frage der Glaubensheilungen in der Gegenwart«, in: »Der Reichsgottesarbeiter«, 85. Jhg., Lahr 1990, Nr. 3ff
Gerhard *Kuhlmann*, »... und legten die Hände auf sie«, Marburg 1972
Fritz *Laubach*, »Krankheit und Heilung in biblischer Sicht«, Wuppertal 1976 (1. Aufl.)
Kurt A. *Lennert*, »Vom Heilwerden«, Wuppertal 1989
Hans *Mallau*, »Wenn du glauben könntest«, Wuppertal 1975
Bernhard *Martin*, »Die Heilung der Kranken als Dienst der Kirche«, Basel 1954
Hans-Christoph *Piper*, »Krankheit – Erleben und Lernen«, München 1980
Gerd *Propach* (Hrsg.), »Predigt und heilt«, Gießen/Basel 1985
Ernst *Schrupp*, »Der Ruf nach Heilung«, in: »Die Botschaft«, 96. Jhg., Wuppertal 1955, S. 275ff, 301ff
Paul *Senf*, »Handauflegung und Heilung«, Marburg 1977

Kurt A. Lennert

Vom Heilwerden
Andachten für Kranke
144 Seiten, R. Brockhaus Taschenbuch, Bestell-Nr. 20441

Im Krankenzimmer steht ein Fernseher, es tönt das Radio, und dann kommt eine Stimme durch den hauseigenen Lautsprecher, die man kennt – die Stimme des Chefarztes; am Vormittag kam er zur Visite.
»Jeder von uns hat sein Päckchen zu tragen...« Der Professor auch? wird sich der Patient fragen. Ja, er auch, deshalb kann er so praktisch über biblische Texte sprechen.
Diese Andachten widmet er seinen Patienten. Er kennt ihre Ängste, ihre Einsamkeiten, ihre Sehnsucht nach Heilung. Doch seine Möglichkeiten zu helfen sind beschränkt. Auch seine Kraft zur Selbsthilfe ist beschränkt. So spricht er über jene Texte, die ihm selbst geholfen haben: aus den Evangelien, den neutestamentlichen Briefen, alttestamentlichen Geschichten.

Jane Grayshon

Hinter dem Schmerz die Liebe
Der Bericht einer jungen Frau
144 Seiten, R. Brockhaus Taschenbuch, Bestell-Nr. 20439

Es war nur eine Blinddarmoperation, der sich Jane Grayshon 1976 unterziehen mußte. Doch damit begann für die bei Ärzten und Patienten beliebte Hebamme und Krankenschwester eine Leidenszeit, die bis heute anhält.
Hier berichtet sie aus ihrem Leben. Erfolgsgewohnt wie sie war, fiel es ihr schwer, plötzlich immer wieder hilflos zu sein. War sie überhaupt noch etwas wert, wenn sie anderen zur Last fiel?
In inneren Kämpfen und einer Gottesbegegnung lernt sie, hinter dem Schmerz die Liebe zu sehen.
»Für alle, denen es innen irgendwo weh tut«, hat sie dieses Buch geschrieben.

R. BROCKHAUS VERLAG WUPPERTAL UND ZÜRICH

Bücher von Michiaki und Hildegard Horie

Stufen der Befreiung
Scheitern und Neubeginn

120 Seiten, ABCteam-Paperback, Bestell-Nr. 12360

Dr. Michiaki Horie, bekannt durch seine Seminartätigkeit im In- und Ausland und zahlreiche Veröffentlichungen, legt hier – wieder gemeinsam mit seiner Frau – ein neues Buch vor, das Hintergründe des Scheitern aufdeckt und Stufen der Befreiung zeigt.

Achtung: Fehlschaltung!
Sind seelische Störungen vermeidbar?

80 Seiten, R. Brockhaus Taschenbuch, Bestell-Nr. 20313

»Ich werde oft gefragt: ›Warum versage ich überall, und warum gibt es in meinem Leben so viele Fehlschläge?‹ – Dabei stelle ich jedesmal fest, daß es irgendwo in diesem Leben zu einer Fehlschaltung gekommen ist und daß sich im Laufe der Zeit diese Einstellung wiederholt und gefestigt hat.«
Anhand von zahlreichen Beispielen aus seiner langjährigen nervenärztlichen Praxis deckt Dr. M. Horie nicht nur die Hintergründe psychischer Störungen auf, sondern zeigt auch, wie eine Fehlschaltung korrigiert werden kann. Hier ist ein Buch, das Menschen, die an Depressionen leiden oder in den zwischenmenschlichen Beziehungen – sei es in der Ehe, in der Familie oder am Arbeitsplatz – Schwierigkeiten haben, über die psychotherapeutische Schulmedizin hinaus durch das Evangelium von Jesus Christus eine Wegweisung gibt.

Mit der Seele per Du
Psychische Krankheiten und was wir tun können

112 Seiten, ABCteam-Paperbak, Bestell-Nr. 12391

Die Themen reichen hier von Veranlagung, Ernährung, psychischen Krankheitsbildern, Kritik an modernen Therapieangeboten bis zur Person des Helfers, dem hier praktische Helfestellung für die Beratungssituation gegeben wird. Das Buch ist aus der Praxis entstanden. Es soll kein Lehrbuch ersetzen, sondern ist als kurzer Leitfaden gedacht.